岭南文化书系
潮汕文化丛书

潮郡青龍廟

陈仲南 题

吴绍雄　黄继澍　吴榕青　编著

暨南大学出版社
JINAN UNIVERSITY PRESS

中国·广州

图书在版编目（CIP）数据

潮郡青龙庙 / 吴绍雄，黄继澍，吴榕青编著. —广州：暨南大学出版社，2022.5

（岭南文化书系. 潮汕文化丛书）

ISBN 978-7-5668-3355-6

Ⅰ. ①潮…　Ⅱ. ①吴…　②黄…　③吴…　Ⅲ. ①寺庙—介绍—潮州　Ⅳ. ① K928.75

中国版本图书馆 CIP 数据核字（2021）第 276067 号

潮郡青龙庙

CHAOJUN QINGLONGMIAO

编著者：吴绍雄　黄继澍　吴榕青

出 版 人：张晋升
责任编辑：冯　琳　詹建林
责任校对：林　琼
责任印制：周一丹　郑玉婷

出版发行：暨南大学出版社（511443）
电　　话：总编室（8620）37332601
　　　　　营销部（8620）37332680　37332681　37332682　37332683
传　　真：（8620）37332660（办公室）　37332684（营销部）
网　　址：http://www.jnupress.com
排　　版：广州尚文数码科技有限公司
印　　刷：深圳市新联美术印刷有限公司
开　　本：787 mm × 1092 mm　1 / 16
印　　张：14
字　　数：238 千
版　　次：2022 年 5 月第 1 版
印　　次：2022 年 5 月第 1 次
定　　价：80.00 元

再版序

20 世纪 80 年代开始兴起新一轮的民间信仰，其背景虽仰仗于新时期当局对传统文化的态度和对民间信仰的政策，但也反映了民间信仰的深度韧性。潮州的青龙庙是潮地众多神庙中最具人气、香火最旺的庙宇，青龙爷安济圣王是潮汕地区和东南亚潮人聚居区最崇拜的神主，鲜活地反映了当地文化的一大特色，其悠久的演化历史以及在当代数十年式微之后复兴的事例，更是典型的个案。在新的历史条件下，安济王庙成为市级文物保护单位，潮州青龙庙会入选省级非物质文化遗产名录，青龙古庙被列为潮州市海上丝绸之路地理坐标，获得级别不低的合法身份，在文化的视域下，其丰富的内涵值得多层次的揭示和多角度的解读。从民俗学、社会学的角度说，《潮郡青龙庙》一书最主要的价值，在于其为溯源钩沉提供了一个始末完整、细节具体、颇具时代特点的范例。

人类在建立社会、改造自然的同时，也创造了神灵。神灵被披上人类的服装，被赋予人类的思想和语言，以及无边的法力，能够满足人类对于未知事物的种种祈愿。古之哲者有看透这一点的，如王安石云"有求求于人，无求求于神"就是这一意思：人类在力所能及的范围内，奋起拼搏去实现愿望；在无能为力的情况下，祈求神灵福荫解难。造神运动，有来自民间的始发力，又必须得力于统治者的推波助澜才有大的发展，有了帝王的准旨才能登上神灵之"王"位。潮州人将神界视为官场，将神灵归为"老爷"一类，在老话中，能够左右下人命运的长官与主子，才有资格获此称呼。中国的老百姓从来都是以官为尊，特别是在"省头国尾"的粤东地区老百姓心目中，官老爷都是无比威严的，因此，粤东地区的神明、菩萨，一概被称为"老爷"。如官本位之有级别，老爷也是有级别之分的，如城隍爷中地位高者称"都城隍"。老爷之地位高者说不清有多高，只能笼统概称为"大老爷"。经过官方的推动与允许，"老爷"就可以升格为"大老爷"，使其从被扫除的

"淫祀"之列一跃获准名列"正祀"。中国历史上，王权大于神权是一个原则，无论是宗教还是民间信仰的兴盛衰微，虽有民众、绅士的作用，而最大的操手完全在于官方，最有力的推动者是最高统治者。所以，这场"演出"的"导演"，在很大的程度上可以说是官方。

青龙庙信仰，反映了中国民间信仰带有规律性的演变轨迹之一。偶像形象从动物图腾到英雄人物，人物从世人变为神灵，其崇祀功能从保一方平安到当政者将其提升为宣扬忠君爱国、维稳安民，到社会各界、人间上下的万事皆有求必应。唐代诞生于广州增城的何泰女演化为何仙姑如是，宋代诞生于福建湄洲的林默由妈祖晋格为天妃、天后亦如是，这样的例子不胜枚举。明万历两广总督刘继文撰立的《重修何仙姑庙碑记》中记载有何仙姑的一段事迹，是刘继文在移镇端州（肇庆）平乱时，何仙姑通过"凭箕授算"，助清师大捷，使岭海宁谧的一段事迹。于是这位两广总督对何仙姑之灵佑十分虔敬，下令县里对何仙姑祠重加修葺，并为文遣官致祭。他表彰何仙姑，说她虽屏谢尘嚣，逍遥蓬阆，仍不忘自己身为粤人，故而能为乡民祈福，为粤土保安云云。经过这一宣传，何仙姑的本领又有了新的长进，不仅能预卜未来，而且精通兵事。由一位抗婚飞升的道仙而变成一位保土安民的地方保护神，其作为民间神的性质有了很大的转变。这一事件对何仙姑的神灵晋级显然有着十分重要的作用。潮州青龙庙在 20 世纪 50 年代之后沉寂了数十年，而青龙庙的复兴，从《潮郡青龙庙》中也可见到是由政府所倡导。先是寓港潮人的上层人士赴潮"受到潮州市委统战部有关领导同志的热情接待"，潮州市委市政府为此提供了三处地点作为青龙庙复建易址选地。随之成立以副市长为主任，宗教局副局长、市府办副主任为副主任的筹建委员会，再其后，潮籍广东省省长为庙题词、视察，"并提指导性意见"，青龙庙会终于"列入市非物质文化遗产项目"，标志着此一活动进入官方保护的"文化遗产"之列。从细节上来说，香港潮安同乡会为青龙庙重建"立了头功"，在这一过程中闻风而动，扮演了一个顺应官方态度改变的大势，以其相宜的身份出面的必要角色。

历史终究会留下轨迹，查阅清代的《潮州府志》，可以看到"顺治志"对天后庙只字不提，"康熙志"仅提及天妃庙在府城东门外，而"同治志"则述及府城天后庙在乾隆、同治年间两次大修扩建，列入官方祀典，与文昌

帝同等规格，开支从开元寺香火钱中支出。由此勾勒出潮州天后庙从清初到晚清之兴衰变化，还可以为清初海禁、收复台湾前后官方对天后崇拜的态度转变等许多领域的研究提供一个近乎正面的观察。《潮郡青龙庙》的作者注意到方志查阅这一途径并予以利用。查阅清代不同时期的《潮州府志》，同样可观察到青龙神演化的轨迹及官方在其中的作用。顺治志记载了来自梧州的"蛇神"之庙，未述及此庙之地址及庙名，只称"其像冠冕南面，尊曰游天大帝，龛中皆蛇也。欲见之，庙祝必致辞而后出……甚有问蛇借贷者"。可见此神之功能，居然包括"借贷"（类似珠江三角洲的"观音开库"，赋予神灵金融的功能，此乃敢以"恭喜发财"为先的岭南特色）。"康熙志"记载"安济庙在南门堤"，为稍后的"雍正志"所沿袭，说明蛇神庙在此时已有了"安济"封号雅名，其名称及庙址反映其功能重在防洪挡灾。再后的"乾隆志"，记载较详，称"青龙庙，庙跨城南大堤，当韩江之冲。神素灵应……安济庙，即青龙庙，'安济'其封号也"。不仅详细记述了号"安济灵王"的青龙王的来历及宋军南征时"小龙负舟护军仗"，获"诏致祭"的传奇，彰显"庙屹立堤次镇洪流，为全城护"的功能，更记述了"潮人祷于庙者，伺其降陟，奉承畏惕，罔敢越思"的虔敬行为，表明了官方乐见治下子民见神灵而"奉承畏惕，罔敢越思"的态度。官志的记载，加重了这一神灵的灵异色彩与尊严成分。此后《潮州府志》不再续修，没有可能再以府志继续观察青龙庙的演变，但因为潮州府治在海阳县，可从光绪《海阳县志》续窥其变化。县志称："安济王庙又名青龙庙，在南门堤侧，庙创自前明……相传潮人带其香火出征，遇青蛇至，必奏捷班师，故潮人皆神之。"由此可见，安济王庙至此成为此庙正称，不同于乾隆志以青龙庙设条，还要加上"安济庙即青龙庙"的说明，而是直称安济王庙了。值得注意的是，在阐述安济王的功能时，突出其助出征致胜的功能，其佐政的功能显然被放大了。《潮郡青龙庙》中说到，至迟自清代中叶以来，潮州安济庙有一个重要的功能，便是护航、保航，防洪抗洪；再次又关乎农业收成丰歉，乃至祈求福祉等，看来更应该补上"助征战"这一笔，在晚清多事之秋，战火频仍的时代，保佑打胜仗也理所当然地成了青龙王"爱国护民"的一个重要功能了。由是也可见官民均在依照自己的愿望塑造神灵，其中官方的引导影响极大。至此，安济圣王终于被奉为万能之神。举凡人世间所能想象到的愿望：

潮汕文化丛书

再版序

平安、健康、升学、求偶、生子、发财……都寄托在大老爷的有求必应中。旧时潮州人每年拜得最勤的就是青龙庙，前景变数极高的出外谋生者当然也不例外，这就形成了安济圣王在海内外潮人中的广为流传和虔诚崇拜。

任何神俗都不是简单的仪式，游神赛会还有着另外一种重要的功能，就是相关文化的发育与展现。酬神者企望神得到精神和物质的满足之后赐给福祉，又只能以自身的感官去揣度神之感受，因此，飨神的同时，也给自己带来精神的娱乐与物质的享受。酬神游艺在履行其宗教信仰的职能之外，同时也成为一地文化娱乐活动之重要载体，成为发育地方文化的重要契机。在酬神游艺中发育了地方戏剧、舞蹈、曲艺。演剧是一个重头戏，而戏班则要考虑观众的接受程度，从而使地方戏剧应运而生，在稼接、融合外来戏曲与地方民间曲艺的过程中逐渐丰满成熟，同时，舞蹈、灯艺种种娱乐文化也得到发展。游神变成"营大老爷"，"营"者，巡视之意也，如同官员出巡一理，却不同于官员出巡时，肃静回避还是夹道欢呼视需要而定，营大老爷是万人空巷的超级"嘉年华"。《潮郡青龙庙》以1936年为例，所述"巡游"中的连续三夜灯，从"游客拥挤""人山人海""灯满街头""上府壮观""烟火腾空"这些报道词中，可见当时盛况。时已97岁高龄的饶宗颐在谈及青龙庙会时也"骤然高兴起来"，可见安济圣王巡游可以激起普通百姓的兴奋度。这是中国百姓开辟的一种官民同欢、大众共乐的途径，是一种中国特色的文化孵化方式，在祈福的同时得到愉悦，这也是游神赛会在新的时代条件下得以复兴的一个原因。庙宇的复兴，带来传统建筑的继承与发展。在潮州古建筑中，庙宇、祠堂占有相当重要的一席之位，历经风雨，原来数不清的祠堂还有些存留下来，庙宇则几乎无不历经毁损，青龙庙的重建，也是一次让潮州传统建筑工匠艺术获得大展拳脚的机会，对于传统建筑文化的传承，也是一大幸事。

《潮郡青龙庙》横涉庙的沿革、庙会全貌（包括设置与流程）、相关文化（匾联碑刻、建筑及工艺、传闻、文物、书画著述）、影响与辐射，竖陈庙之历史大事，称得上客观、全面、系统地记述青龙庙这一事物，事以类从，条分缕析，俨然是一部青龙庙专志。本书作者并非专业的民俗学研究者，领衔的吴绍雄先生是一位专业有成的主任医师，是一位对家乡文化有着深厚感情并肯下功夫的钻研者。同著者黄继澍先生是对方志事业持有恒心的志士，吴榕青先生则长期致力于潮汕文化的研究。他们对著书的执着认真，从这本《潮郡青龙庙》可见一斑。为了完成此部书稿，不仅广搜资料，更是驱车千里，跨海新马，得到许多有心者各种方式的支持。本书内容丰富多彩，行笔细腻讲究，与潮州工夫茶相比实可谓异曲同工，这应该也说得上是潮州人"儒雅"精神的一个体现。话已说了不少，再多言就难免讨嫌了，就请诸君慢慢品用这工夫茶般的书本吧。

陈泽泓

戊戌于羊城壁半斋

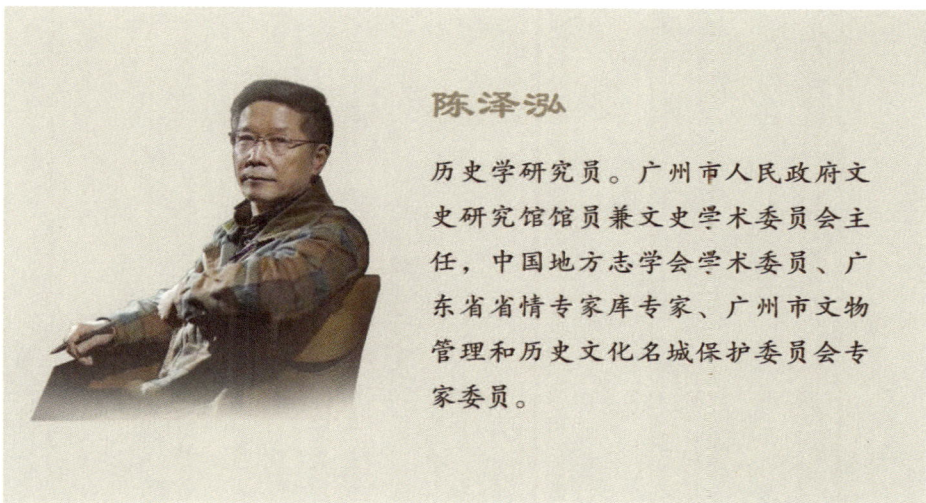

陈泽泓

历史学研究员。广州市人民政府文史研究馆馆员兼文史学术委员会主任，中国地方志学会学术委员、广东省省情专家库专家、广州市文物管理和历史文化名城保护委员会专家委员。

潮汕文化丛书

再版序

初版序

游神赛会是潮州城乡流传久远的文化传统，民间一般把它叫作"营大老爷"。游神赛会大多在年底和来年年初农事闲暇的时间举行，正、二月的神事尤多。乾隆《潮州府志》卷十二《风俗·社会》就记载说：

> 九邑皆事迎神赛神。海阳有双忠会，以庆张巡、许远。届三年小会，五年大会。小会数百金以上，大会数千金以上。潮阳有土地会。揭阳有三山国王会。澄海、惠来，乡社自正月十五日始，至二三月方歇。银花火树，舞榭歌台，鱼龙曼衍之观，蹋跼秋千之技，靡不毕具。故有"正月灯，二月戏"之谚。

各县的游神赛会大抵盛行于乡下，海阳、潮阳和揭阳三个大县，则城里也游神。海阳是潮州首邑，县城也是府城。按照《潮州府志》的说法，乾隆年间，府城里的大老爷，还是俗称"双忠公"的唐代名臣张巡、许远。这不奇怪，因为双忠公本来就是知府楼俨建庙致祀的。后来，双忠公大老爷的位置被俗称"青龙爷"的安济圣王顶替了。

安济圣王本来是城外乡间的神明，庙在南门外韩江大堤上。清初地方志书的记载，只说是"乡人祀之"。因为有安澜止水的灵应，到乾隆年间，已经成为潮州人和来往韩江的商人士庶共同崇祀的对象。青龙爷在什么时候因为什么成了潮州府城的大老爷，是一个十分有趣，也值得去研究的问题。

我们知道，做历史研究，必须要有充分、可靠的材料。要想弄清楚青龙庙和安济圣王庙会的历史，首先必须找材料。青龙庙的历史也不算短，不过要想真正找到充分、可靠的材料，却不是件容易的事。本书作者吴绍雄主任医师、黄继澍副研究员、吴榕青副教授也知道这事不容易，却下决心要去完成它。

著名历史学家傅斯年先生有句流传甚广的名言："上穷碧落下黄泉，动手动脚找东西。"讲的就是找材料。虽然当时是针对考古学而言，但对其他研究同样适用。本书的作者们就这样做了。他们动手，翻阅各种文献——古籍、档案、今人著述、海外侨刊等，检录出有关青龙庙和庙会的资料；他们动脚，亲自溯韩江而上，到松口、梅县、上杭等，访问跟安济圣王、三仙师公相关的遗址，亲历了历史发生的现场；他们还动口，找遍了解青龙庙和庙会的耆老故旧，"每事问"。正是这种现在很是"时髦"的人类学访谈的做法，帮助他们网罗到关于庙宇和庙会的更多逸闻、琐忆和鲜为外人所知的秘史。摆在我们面前的这本《潮郡青龙庙》，就是他们共同努力的结果。

《潮郡青龙庙》全书分八章，介绍了青龙古庙庙宇和庙会的历史和现状，披露了与庙宇和庙会有关的文物、文献和口述史料，对古庙的建筑和装饰工艺也有细致的赏析。通过阅读这本书，我相信读者可以对安济圣王这位曾经的潮州府城大老爷，对青龙古庙庙宇和庙会有一个全面的了解。这种了解也可以让我们更加理性地思考，如何把这种前人留给我们的文化遗产继承下来，并在不断向前的时代潮流中去发扬它。

我因此愿意向大家推介这本书。

黄 挺

黄 挺

韩山师范学院退休教师。1982年大学毕业后一直在潮汕地区高校工作。潜心于潮汕历史文化研究，已出版有《潮汕文化源流》《潮商文化》《十六世纪以来潮汕的社会与宗族》《中国与重洋：潮汕简史》等十几种学术著作，百余篇研究论文。

目　录

岭南文化书系

潮郡青龙庙

第一章 绪 言[①]

现今潮州的青龙庙，又称安济庙、安济王庙、安济圣王庙，潮州人俗称为"大老爷宫"，祀蜀汉永昌太守王伉，在韩江南堤麓外，是潮州城一座最著名的古庙宇。每年正月下旬"大老爷"巡游，引动城乡士庶男女，是万人空巷的盛事。然而，青龙庙的始建年代及祭祀神明至今仍存在很多谜团。它所祭祀的神明既重要又复杂，反映出来的民间与官方、土著与移民信仰的历史"层累"与"堆叠"，也是一个有趣的学术命题，但目今研究、调查成果甚少且未深入。[②] 民国初年，岭东学者温廷敬在《迷信（三则）》中言："而潮州青蛇则号曰青龙，封为安济王，而有神为蜀王伉之说。潮之祀青蛇，古矣。而蜀王伉则自明以来之所附会也。"[③] 饶宗颐教授昔年在《安济王考》一文中，又指出："（潮州安济庙）跨南堤，当韩江之滨，临水为庙。疑昔时此庙本祀水神，故名安济，如梅州安济王行祠者。其后别祀王伉，复仍安济之旧名耳。"[④] 此两位前贤的议论诚为卓见，惜均未展开讨论。对此笔者不揣浅陋，对其作一番细究。

有关潮州安济庙的早期文献记载极为稀缺，现仅能以清代文献略作考证，以期对潮州安济庙的历史发展轨迹有所明了。

今青龙庙仍存两通旧石刻匾额。一为"青龙古庙"，落款为"乾隆甲寅年阳月立"。乾隆甲寅年为乾隆五十九年（1794），可推测这是乾隆二十七

---

① 本章由吴榕青撰写，发表于《文化遗产》2015 年第 2 期，本文略有修订。

② 专著仅有吴绍雄等：《潮郡青龙庙》，香港：天马出版有限公司，2014 年。论文如：曾楚楠：《青龙庙建造年代刍探》，《潮州市志资料》（内部资料），1986 年创刊号；曾秋潼：《青龙庙史事纪略》，《广东史志》2002 年第 1 期；罗文甲：《潮州游神民俗的社会功能浅析——以安济圣王出游为例》，《客家学研究辑刊》2003 年第 2 期。

③ 温廷敬：《补读书楼文集》卷五，载温丹铭撰，郑焕隆点校：《温丹铭先生诗文集》，香港：天马出版有限公司，2014 年，第 384 页。

④ 饶宗颐：《安济王考》，载《潮州丛著初编（二）》，广州市立中山图书馆编印，1938 年，第 18–20 页；又载黄挺主编：《饶宗颐潮汕地方史论集》，广州：广东人民出版社，1996 年，第 180–181 页。

年（1762）纂修的《潮州府志》修成之后的一次重修时间。而另一"安济王庙"匾却没有落款，年代不详。

记载潮州安济庙的最早文献是康熙《潮州府志》，仅记片言只语，"安济庙：在南门堤，乡人祈祷时，青蛇屡见梁节上，饮酒食肉，独不伤人"①，该记述文字几乎全为雍正《海阳县志》所沿袭②。据此，知其至迟在清初已存在，不过遗憾的是，未言明其由来及始建年代，这个问题至今仍然难以辨明。乾隆《潮州府志》记载较详：

> 安济庙：即青龙庙，安济其封号也。详载《寺观》。神盻釐灵应，潮人祷于庙者，伺其降陟，奉承畏惕，罔感越思。郡城南郭三河合其汇大海，承其委庙屹立堤次镇洪流，为全城护报功肆，祀固其宜也。③

> 青龙庙：庙跨城南大堤，当韩江之冲，神素灵应，常有灵物蜿蜒凭凭次香案间，其色青，是曰青龙。倏忽隐现，土人谓见之则吉，士夫商贾过潮者咸祀之，然不可必见也。潮人睹青龙之来，辄谓神降，奉之益虔，至不敢暧昧质诸祠下。建庙时代不可考。相传神为蜀汉永昌太守王伉，诸葛征蛮，伉守城捍贼，殁为明神。前明滇人有宦于潮者，奉神像至此，号安济灵王，立庙镇水患，遂获安澜。殆《传》所称有功于民则祀者欤？按：宋沈存中有《彭蠡小龙记》，熙宁中出师南征，小龙负舟护军仗，有司以状闻，封济顺灵王，诏致祭。小龙自空下，则龙之为灵昭昭也。证诸沈《记》，则安济、济顺盖从其类云。④

据上文可了解到的信息如下：

（1）安济庙，即青龙庙，"安济"是官方的封号。当时古庙位于城南外的堤防之上，韩江西岸。

（2）建庙的年代不可考。

---

① （清）林杭学修：康熙《潮州府志》卷三《祠祀·海阳县》，潮州市方志办影印本，2003年，第103页。

② （清）张士琏修：雍正《海阳县志》卷三《地集·神庙考》，潮州市方志办影印本，2002年，第92页。

③ （清）周硕勋修：乾隆《潮州府志》卷二十五《祀典》，台北：成文出版社，1967年，第448页。

④ （清）周硕勋修：乾隆《潮州府志》卷十五《寺观》，台北：成文出版社，1967年，第178页。

（3）潮州本土人士特别信仰，影响所及，来潮的士人、商人都常去祭祀。

（4）其祭祀的神明有二：一是"青龙"，即"常有灵物蜿蜒凭龛次香案间"的小青蛇；二是三国时期"守城捍贼，殁为明神"的蜀国永昌郡太守王伉。传说是明代来潮州当官者奉入祭祀的。两种神明分得清楚，并未混淆。

（5）无论是青龙，还是王伉，神明的主要功能是镇压韩江洪水，捍卫全城。此外，神明同时保护本土及外来人士平安吉祥。

令人费解的是，同在一部方志中，一座著名的庙宇竟然分别被载在"祀典"及"寺观"部分中，既能列入官方的祀典中，又置于"寺观"中。更怪异的是，在"祀典"中略载，而言"详载《寺观》"，似乎不伦不类。这是何缘故呢？从前后代的历史文献中，可以捕捉到一些跟佛教有关的迹象。

《宋史》记载，南宋"潮州僧寺有大蛇，能惊动人，前后仕于潮者皆信奉之"[1]。当然此处没有言明具体的寺院名及所在与来龙去脉，难以确定与安济庙是否相关。

清代咸丰年间，本土士子林大川在安济庙"青龙王寿诞"条载：

> 王极灵爽，郡人称为活佛。每神降，见有灵物蜿蜒，凭龛次香案间，其色青翠，头有王字，是曰青龙。来去倏忽，隐见无常。郡人以得见为吉，然不可必也。[2]

清末的报章报道：

> 青龙菩萨，潮人所崇拜而迷信者也。每年正月杪，必出游一次。若花灯费、糖果费、演戏费、爆竹烟火费、猪羊鸡鸭费，总计须十万元以上，惟幸利不外溢。故近数十几年来，有加无已。[3]

事实上，至迟在宋代，佛教在潮州非常兴盛，且世俗化程度极高。[4]安济庙与佛教的渊源当不仅限于清末，可惜今未见相关佐证史料，暂时存疑。

乾隆《潮州府志》言"建庙时代不可考"，而曾楚楠考证"在未获新的

---

① （元）脱脱等修：《宋史》卷四百一十六《胡颖传》，北京：中华书局，1977年。

② （清）林大川撰，彭妙艳校点：《韩江记》卷三，郑州：中州古籍出版社，2000年，第48页。

③ 佚名：《潮州民贫之一斑》，《岭东日报》光绪三十一年（1905）二月初三日"潮嘉新闻"。

④ 庄义青：《宋代的潮州》，广州：中山大学出版社，1997年，第57-58页。

更确凿的佐证之前，拟应把青龙庙定为'明万历二十七年潮州府同知施所学建'[①]，应该是误解，建庙年代与王伉入祀是两回事，在时间上不必捆绑在一起。既然乾隆《潮州府志》不能确定庙宇的时间年代，而又说是明代滇籍莅潮官员所见，可略见是庙先王伉入祀而建，而曾楚楠考订的明万历二十七年（1599）却很可能是官方将王伉奉入庙内祭祀的时间。

一、史前以来潮州（闽越地）蛇神信仰的演变

（一）早期祀蛇的历史

潮州祀蛇神，由来甚早。秦汉以前的古地理，从唐代杜佑的《通典》开始，至唐宋时期的地理总志都无一例外地把潮州划归"古闽越地"或"七闽地"[②]。古闽越地的范围，以宋代为断代，除今福建省地外，只有其东北面的温州和西南面的潮州被列入，而今广东省范围内潮州以外的地区都被划为"百越之地"或"南越地"[③]。实际上这是唐宋时代的人对该地区区域历史文化地理归属的推测。今天的考古材料表明，在距今 2 870—3 390 年前，闽南、粤东一带（以晋江、九龙江和韩江流域为中心）存在一直保持着相同或近似的考古文化类型，如具有鲜明特色的浮滨文化。[④]

因为福建的祀蛇习俗发生更早，实在六朝之前，甚至可追溯至史前。故笔者以为潮州古代汉人祀蛇习俗也可能是通过早期的福建移民，直接把这种文化印痕搬到潮州来，即汉化闽越俗或闽越化的汉俗，早已在福建完成，不必在潮州才完成其融合的历程。

古代福建的汉人与蛋民长期在相当大的范围内存在蛇崇拜习俗，与福建

① 曾楚楠：《青龙庙建造年代刍探》，载潮州市志办公室编：《潮州市志资料》（内部资料），1986 年创刊号。

② （唐）杜佑撰，王文锦等点校：《通典》卷一百八十二《州郡十二·古扬州下》："潮州（今理海阳县）亦古闽越地。"（北京：中华书局，1982 年，第 969 页）；（宋）李昉：《太平御览》卷一七二《州郡部一八》引《十道志》："潮州，潮阳郡，亦古闽越地。"（北京：中华书局，1985 年，第 837 页）；（宋）欧阳忞撰，李勇先、王小红校注：《舆地广记》卷三十五："潮州，春秋为七闽地。战国为越人所居。"（成都：四川大学出版社，2003 年，第 1090 页）

③ （唐）杜佑撰，王文锦等点校：《通典》卷一百八十二《州郡十二》，北京：中华书局，1982 年，第 969 页。

④ 曾骐：《韩江流域史前考古与潮汕文化源》，《潮学研究》第 1 辑，汕头：汕头大学出版社，1993 年。

接壤的粤东潮州亦然。关于古代福建、台湾与潮州地区对蛇的崇拜，分别已有许多细致深入的研究，①但基本未见两地的学者把两地放在一起来讨论。对福建蛇崇拜的解释，一般都认为它原为闽越人的信仰，长时间被汉人沿袭下来，并融入了福建民间信仰之中。②关于古代潮州汉人盛行祀蛇习俗，黄挺认为这种风俗原是潮州土著人民的习俗，在北来汉人与本地土著融合的过程中，这种风俗被保留下来了。③

按汉唐时期人们的理解，以蛇种称闽越地（后来福建地）的土著。④古代福建曾长期存在"以人祭蛇"的习俗。福建在晋代已流传开著名的李寄斩蛇的故事⑤，从侧面可反映当时福建民间相信把童女供蟒蛇啖食可减祸得福，连官员都认可这种习俗。从这条史料中我们看到：当时闽越国虽然灭亡，但闽越遗俗在民间还有相当大的影响。闽越人被称为"蛇种"，说明他们是崇拜蛇的民族。而直到晋代，当地民众仍有崇拜蛇的习惯。东治都尉及其属下吏员生病，都被认为是蛇神在作祟，而这一时代的巫祝，竟敢公开扬言这是因为没有祭蛇神。而闽中的官吏，迫于舆论，不得不对蛇神进行祭祀，当以牛羊为祭尚不足时，又用人祭。这说明晋代闽中还保留了许多落后的习俗。不过，这一故事最终以李寄斩蛇而告终，反映了破除迷信的风气已经在闽中兴起，它反映了闽中的新气象。⑥林拓认为通过李寄斩蛇的故事，"关于蛇图腾蜕变的一个中间环节巧妙地折射出来……分别表现出祭蛇与杀蛇两种截然不同的态度与行为。实际上，李寄斩蛇正曲折地反映了汉越文化的冲突及闽越土著蛇图腾信仰正趋于低落"⑦。

------

① 这方面的成果可参见：郭志超：《海峡两岸蛇崇拜的比较研究》，载万平近主编：《海峡两岸文化交流史料》（第一辑），北京：华艺出版社，1991年；徐晓望：《福建民间信仰源流》，福州：福建教育出版社，1993年，第28–48页。

② 陈支平：《福建六大民系》，福州：福建教育出版社，2000年，第182页。

③ 黄挺：《祀蛇与古代潮汕地区的民族融合》，《韩山师专学报》1989年第1期。

④（汉）许慎：《说文解字》："闽，东南越，蛇种，从虫门声。"（北京：中华书局，1963年，第282页）；唐《开元录》云"闽越州地（当为"闽州，越地"之误），即古东瓯，今建州亦其地，皆蛇种。有五姓，谓林、黄，是其裔。"（宋本《太平寰宇记》卷一百零二《泉州》，北京：中华书局，1999年）

⑤（晋）干宝：《搜神记》卷十九，北京：中华书局，1979年。

⑥ 徐晓望主编：《福建通史·远古至六朝》第一卷，福州：福建人民出版社，2006年，第233页。

⑦ 林拓：《文化的地理过程分析——福建文化的地域性考察》，上海：上海书店出版社，2004年，第219–220页。

然而，直至宋代甚至到明初，福建许多地区仍存在以人祭蛇的习俗。徐晓望已经揭示了闽北、闽西、闽南不少地区"以人祭蛇"的习俗，指出其当起源于上古闽人的蛇图腾崇拜，故而其习俗得以长期延续。^①林国平、彭文宇亦有类似的看法。^②

与福建毗邻的潮州在宋代至明代，民间也一直存在祭祀蛇神的习俗，甚至以人为牺牲，南宋绍兴年间地方官绝凶祀，杀大蛇。明代《两浙名贤录》载："沈造，字次仲，缙云人，以进士历官通判。廉直不阿，一心民事，故随在有美颂……及判潮时，有韩山神，岁须男女以祭。历政畏惮之，修缮不敢后时。造焚其庙，毁像，得巨蛇，杀而烹之，凶祀遂绝。议者以为方韩昌黎之驱鳄云。造卒，潮民相率哭祠下，三日始去。"^③光绪《缙云县志》载沈造在潮州事迹与上述记载略同，又载沈为北宋政和二年（1112）进士，"民为立祠"。沈造任潮州通判在绍兴年间。嘉靖《潮州府志》卷五《官师志》载"沈造，处州人"，绍兴间任通判。沈造之后，"凶祀"犹然未绝，于是在咸淳年间又出现胡颖杀巨蛇一事。《宋史》载：

> 胡颖，字叔献，潭州湘潭人。……以枢密都承旨为广东经略安抚使。潮州僧寺有大蛇，能惊动人，前后仕于潮者皆信奉之。前守去，州人心疑焉，以为未曾诣也。已而旱，咸咎守不敬蛇神，故致此。后守不得已诣焉，已而蛇蜿蜒而出，守大惊，得疾，旋卒。（胡）颖至广州，闻其事，檄潮州命僧舁蛇至。至则其大如柱而黑色，载以阑槛，颖令之曰："尔有神灵，当三日见变怪，过三日，则汝无神矣。"既及期，蠢然犹众蛇耳，遂杀之，毁其寺并罪僧。^④

甚至到了明初，潮州仍保留以人祀蛇的旧习。明方志载陈诠，宁国府太平县人，"以岁贡任潮州府照磨。莅事，慈而能断，民怀其惠，吏畏其威。府城外有妖祟，出大石下，每年祀例以人祷，否则有大灾。诠闻之怒，命积薪石畔，请府印封石，虔祷良久，火既发，雷轰石裂，震死一巨蟒，妖遂除。民感之，立祠与韩昌黎庙对，其联曰：'鳄鱼精去千年仰韩子之功，怪

① 徐晓望：《福建民间信仰源流》，福州：福建教育出版社，1993年，第33-35页。

② 林国平、彭文宇：《福建民间信仰》，福州：福建人民出版社，1993年，第54页。

③ （明）徐象梅：《北京图书馆古籍珍本丛刊·两浙名贤录》卷三十四《清正·宋》，影印明天启徐氏光碧堂刻本，北京：书目文献出版社，1987年，第981页。

④ （元）脱脱等修：《宋史》卷四百一十六《胡颖传》，北京：中华书局，1977年，第12479页。

岭南文化书系

潮郡青龙庙

石患除万代感陈侯之德.'"①

然而，耐人寻味的是，地方官员所谓"除害"的丰功伟绩，却没有在潮州本地的方志或其他地方文献上留下任何记载。对于外地莅潮官员的除害善举，地方民众及士大夫并不买账。此外，以下数点亦为潮州早期祀蛇历史的佐证：

1. 蛇郎故事流传的典型区域

中国著名民俗学家刘魁立先生研究发现，"蛇郎故事在我国各省区、各民族中间，广泛流传。这一类型故事在全国从南到北各个地区都有记录"②。但是，该故事仍以东南地区最盛行。蛇郎的故事虽然今天难得听到，可在几十年乃至一百年前是潮汕地区一个广为流传的民间故事。③

2. 现代蛇信仰的遗存

潮汕地区一带，称一种褐色无毒的蛇为"黄头娘"，传说为司命公或伯公的女儿，禁止伤害它。④

3. 东南少数民族图腾的印证⑤

古代的蛋人有祀蛇习俗，明代"蛋人神宫画蛇以祭，自云龙种"。⑥"潮州蛋人有五姓：麦、濮、吴、苏、何。古以南蛮（闽）为蛇种，观其蛋家神宫，蛇像可见。世世以舟为居，无土者，不事耕织，惟捕鱼装载以供食，不通土人婚姻。岭东河海在在有之。"⑦"蛋有三：蚝蛋、木蛋、鱼蛋，寓浔江者，乃鱼蛋。未详所始，或曰蛇种，故祀蛇于神宫也。"⑧潮州的畲族有关于

① （清）曹梦鹤等修：嘉庆《太平县志》卷六《人物志·宦业》，南京：江苏古籍出版社，1998年，第123页。

② 刘魁立：《中国蛇郎故事类型研究》，《刘魁立民俗学论集》，上海：上海文艺出版社，1998年。

③ 方怀我：《蛇郎故事：广东，惠来的传说》，《民俗》1930年第104期；钟敬文：《蛇郎故事试探》，《民俗学集镌》，1931年。

④ 潮汕乡间多有此说，笔者幼时即听老人如此语。

⑤ 可参看中国东南地区地势图，见《中华人民共和国分省地图集》，1992年第5版。

⑥ （明）邝露：《赤雅》，丛书集成初编本，上海：商务印书馆，1936年。

⑦ （清）吴颖修：顺治《潮州府志》卷七《兵事部》，广州：广东人民出版社，1996年，第1002—1003页。

⑧ （清）吴淇辑：《粤风续九·杂歌》（不分卷），康熙二年（1662）刻本，第70页。

始祖来源于"龙犬"或"东海苍龙"之说。①

台湾高山族中，有部分族群以蛇为图腾。排湾人乔阿乔考社传说，远古时，在考加包根山的峰顶，太阳下临，生了红、白二卵，后由名叫保龙的灵蛇孵化，生出男女二神，那就是排湾人头目的祖先。至于一般人的祖先则是从青蛇卵中孵出的。阿达斯社也流传灵蛇是人类始祖的故事。这些关于蛇和蛇卵生人的传说，反映了高山族古代曾以蛇为图腾。②笔者以为，潮州古代汉人祀蛇习俗也可能是通过早期的福建移民，直接把这种文化印痕搬到潮州来，即汉化闽越俗或闽越化的汉俗早已在福建完成，不必在潮州才完成其融合的历程。

（二）明代广西梧州青蛇的引入与三界庙的建置

明代中期以后，"凶祀"已基本绝迹，蛇崇拜经过改造，其形象已成为一种性情温和的无毒小青蛇，变得更容易为民众所接受。清代，潮州的蛇神"冠冕南面，尊曰游天大帝"；潮州城的青龙古庙，崇祀安济圣王，并辅以一种小青蛇的灵物；此外，还在城北有类似信仰的三界庙。③这与明代广西西江流域的蛇信仰流播到粤东有关，与祭祀小青蛇的三界庙颇有关系。

清顺治十三年（1656）任潮州府推官的贺宽④，其对潮州蛇神有亲身见闻如下：

> 贺瞻度云：蛇神，其像冠冕南面，尊曰游天大帝，龛中皆蛇也。欲见之，庙祝必致辞而后出，盘旋鼎彝间，或倒垂枋橡上，或以竹竿承之，蜿蜒纠结，不怖人，亦不怖于人，长三尺许，苍翠可爱。闻此神自梧州来，长年三老尤敬之，凡事神者，常游憩其家，甚有问蛇借贷者。昔同年萧御史长源为予言，今亲见之矣。⑤

---

① 朱洪、李筱文编：《广东畲族古籍资料汇编·图腾文化及其他》，广州：中山大学出版社，2001年，第1-3页。

② 陈国强、林嘉煌：《高山族文化》，上海：学林出版社，1988年，第232页。

③ 详见（清）吴震方《岭南杂记》、乾隆《潮州府志》和（清）俞蛟《潮嘉风月记》。

④ 贺宽，字瞻度，丹阳人。顺治九年（1652）进士，顺治十三年任潮州府推官，官至大理寺右平事，后主紫阳书院讲席，著有《山响斋别集饮骚》十卷。（见《古瀛诗苑》页六一，《清人别集总目》页一七一二）

⑤ （清）吴颖修：顺治《潮州府志》卷十《轶事部》，广州：广东人民出版社，1996年，第422、1186-1187页。

明末清初的民众认为，蛇神是从广西梧州传来的，谅非虚言。目前关于岭南三界庙的研究不少①，可互为印证。

光绪《海阳县志》载："安济王庙又名青龙庙，在南门堤侧，庙创自前明。"文后原注："相传神为蜀汉永昌太守王伉，诸葛征蛮，伉守城捍贼，殁为明神。前明滇人有宦于潮者，奉神像至此，遂获安澜。殆《传》所称有功则祀者欤？时有青蛇蜿蜒见于庙，不伤人，忽见忽没，故又名青龙庙云。"②在另一处，解释道："谨按：邑三界庙、安济庙俱有蛇神，而安济庙尤灵异。称曰青龙王，以其色青，头有王字也。然出没难测，咸同以前庙中屡见。自光绪来数岁，或仅一见。相传潮人带其香火出征，遇青蛇至，必奏捷班师，故潮人皆神之。"③

二、作为水神的宋代闽粤赣边安济王信仰

饶宗颐教授昔年又指出，濒临韩江边的安济庙"不独潮州有之，梅县亦有之"④，今存《永乐大典》"潮州府"部分，刚好散佚了第五三四四卷，其中的"宫室（含庙、寺、宫、观等）"不得而见，所以这个史料缺环目前未能弥补。而现存最早的完整的《潮州府志》只有嘉靖版，且其体例中不列寺庙。这当然跟当时编纂者的意识形态有关，无疑跟嘉靖初年魏校在广东大毁淫祠（庙）有关。⑤

事实上，不唯粤东之潮、梅州之关系密切，潮、梅与其北边接壤的汀、赣州关系也异常密切。一方面，东西横亘的南岭（五岭）山脉为今赣、粤二省天然分界线，武夷山脉又把闽、赣二省分隔开来。另一方面，赣江、闽江、韩江这三条中国东南的大河流，基本上发源于南岭与武夷山脉交接处，

① 此方面近年来研究不少，如郑维宽：《明清时期岭南三界神信仰考论》，《岭南文史》2008年第 2 期；唐晓涛：《三界神形象的演变与明清西江中游地域社会的转型》，《历史人类学学刊》2008 年第 6 卷第 1–2 期合刊；滕兰花、袁丽红：《清代广西三界庙地理分布与三界神信仰探析》，《广西民族研究》2007 年第 4 期；等等。

② （清）吴道镕纂：光绪《海阳县志》卷二十《建置略四》，台北：成文出版社，1967 年，第 185 页。

③ （清）吴道镕纂：光绪《海阳县志》卷四十六《杂录》，台北：成文出版社，1967 年，第 453 页。

④ 饶宗颐：《安济王考》，《禹贡》1937 年第 7 卷第 6–7 期；饶宗颐：《饶宗颐潮汕地方史论集》，广州：广东人民出版社，1996 年。

⑤ 井上彻：《魏校的捣毁淫祠令——广东民间信仰与儒教》，《史林》2003 年第 2 期。

分别向北、东、南注入湖海，也天然成为沟通中国东南一隅的交通大动脉。因此，宋代的赣、汀、梅、潮四州之间不仅经济联系紧密，民间信仰与文化习俗之交流也极为频繁。该区域安济王信仰即为一典型之范例，除潮州情况不太明晰外，其他赣、汀、梅三个州几乎在北宋都建有安济庙，在北宋都得到"安济"的庙额，这绝非偶然，应是区域之间文化交流所致。赣、汀、梅、潮州四个统县政区分属闽、粤、赣三个一级政区，但因自然地理地缘构成，实际上是同一个经济、文化区域。妈祖作为水神信仰，由韩江下游传播至上游的汀江流域 ①，那么潮州始建于明代之前的安济庙，非常有可能传播自韩江之上游梅州的梅溪宫（安济庙），而梅、潮二州之安济庙极可能是由赣江或闽江经由上游，越过近距离的分水岭而传播的。

（一）赣江十八滩与虔（赣）州的安济庙

　　古代赣江十八滩的险要闻名于世。② 宋代江南西路南部虔（赣）州，至迟在北宋中期已有安济庙之建置。《宋会要》载："灵顺昭应安济王别祠，在赣州（即虔州）赣县，徽宗政和二年七月赐庙额'神惠'。"③ 又载"（徽宗建中靖国）四年（1104），封英灵顺济龙王为灵顺昭应安济王"④。徽宗建中靖国年号仅有一年，又《文献通考》载："（徽宗大观）四年（1110），封英灵顺济龙王为灵顺昭应安济王。"⑤ 可知当是"大观四年"之误。虔（赣）州安济庙，其渊源可溯自洪州（隆兴府）之吴城山龙祠，其由来甚古，吴城山上顺济庙，世号小龙，相传即吴猛、许逊二真君所诛杀的大蛇之子。⑥ 洪州吴城山龙祠之"小龙"信仰何时传播到赣南，史料未有明确之记载，至迟应在徽宗政和二年之前。

　　据北宋后期汪藻《虔州神惠庙记》可知，其一，虔州的安济王别祠于政

　　① （明）解缙等修：《永乐大典》卷七八九二，北京：中华书局，1960 年，第 3 页。可一并参看北宋闽粤赣边政区图，谭其骧主编：《中国历史地图集》第六册，北京：中国地图出版社，1982 年。

　　② 耿艳鹏：《赣江十八滩考》，载政协万安县委员会文史研究室编：《万安文史资料（第 24 辑）》，2008 年。

　　③ （清）徐松辑：《宋会要辑稿·礼二十》，北京：中华书局，1957 年，第 832 页。

　　④ （清）徐松辑：《宋会要辑稿·礼二十一》，北京：中华书局，1957 年，第 852 页。

　　⑤ （元）马端临：《文献通考》卷九十《郊社考二十三·杂祠淫祠》，北京：中华书局，1986 年，第 824 页。

　　⑥ （宋）西山勇悟真人施岑编：《西山许真君八十五化录》（卷上），第 16–17 页。

和二年加赐额为"神惠"，与《宋会要》记载可互证；其二，在虔州之安济王别祠不止一处，实有三处。①

（二）闽江九龙滩与汀州的安济庙

至迟在唐代后期，人们已经在闽江上游的宁化（含后来分置的清流县）、沙县河段进行航运，而九龙滩之险恶，闻名于世。九龙滩所祭祀之神明，目今始见于《宋会要》记载："汀州清流县九龙滩土地神祠，崇宁三年（1104）九月赐庙额'安济'。"②南宋汀州方志《临汀志》对清流县安济庙的由来，有比较详细的记述："安济庙：在清流县南梦溪洞口，即九龙阳数潜灵王庙也。自唐有之，莫详创始封爵之由。庙前有滩，险甚，往来之舟，非祷于祠下不敢行。宋朝赐今额。"③可知，安济庙本是"九龙滩土地神祠"，原名九龙阳数潜灵王庙，简称九龙庙。其始建于唐代，唯具体时间不详。本为当地之保护神，但因九龙滩奇险，为了船只能平安渡过险滩，不得不借助神威，推测行船者亦求助于熟悉九龙滩地形的当地人。明清各本《福建通志》《汀州府志》《清流县志》等，大致沿袭《临汀志》旧文，略有删削。

（三）梅州恶溪七十二滩与安济庙

宋代韩江在梅州的河段有七十二险滩。韩江在梅州段也称恶溪："在（梅）州之东六十里，导源自汀（州）之武平溪。溪有七十二滩，急流湍险上下余百里。舟筏至滩，谓之入恶，过滩，安流而去，谓之出恶。"④《宋会要》载："恶溪神祠：在梅州程乡县（原注：旧号助国宣化永昌王），徽宗崇宁三年六月赐庙额'安济'。"⑤也许是因为"永昌"之旧名，为明清潮州附会为蜀汉之永昌太守王伉之来由，原与王伉无关。又《舆地纪胜》："（梅州）安济王行祠，在城东隅。其庙在恶溪之滨，崇宁三年赐额。"⑥可相互印

① （宋）汪藻：《浮溪集》卷十八《记》，影印文渊阁四库全书（第1028册），台北：商务印书馆，1986年，第162-163页。参校清乾隆武英殿聚珍版丛书本。

② （清）徐松辑：《宋会要辑稿·礼二十》，北京：中华书局，1957年，第774页。

③ （宋）胡太初修：《临汀志·至到》，福州：福建人民出版社，1990年，第66页。

④ （宋）王象之：《舆地纪胜》卷一百零二《梅州·古迹》，北京：中华书局，1991年，第3141页。

⑤ （清）徐松辑：《宋会要辑稿·礼二十》，北京：中华书局，1957年，第822页。

⑥ （宋）王象之：《舆地纪胜》卷一百零二《梅州·古迹》，北京：中华书局，1991年，第3141页。

证。张志远《祭梅溪宫文》："四百余年鳄不归，七十二滩险莫枝。千艘上下无倾欹，波间小艇理筒丝。"[1] 张志远，宋人，其籍贯生平不详。而《舆地纪胜》之《潮州·景物上》"鳄溪"条注云："以鳄鱼得名，旧传为恶溪。……是自广、惠而循、潮，顺流而下。今程乡松口俗号'恶溪庙'，安济庙乃其所也。庙有鳄鱼余骨，尚存后人留题，有'古庙岩岩镇恶溪'之句。"[2] 松口镇安济庙创建甚早，州城之庙反而为行祠。其时松口设有盐务，地位之重要，不亚于梅州城，旧时俗语云："松口不认州"，由来甚古。康熙《程乡县志》载"梅溪宫，在东桥河畔"[3]。清初，除原梅州城（程乡县）有梅溪宫之外，梅江上游的镇平县地名河唇（漘）也有梅溪宫。[4]

通过梳理、排比赣、汀、梅、潮州等地有关安济庙的史料，已经粗略蠡测出水神安济圣王在赣江流域下游到上游，闽江流域上游到韩江上游之间的传播轨迹。综上所述，祀蛇庙宇获得"安济"之封号，集中在北宋末年。具体而言，在宋徽宗建中靖国元年至崇宁四年（1101—1105），闽粤赣诸位水神相继获得"安济"的封号。

三、"冠冕"移易：明末王伉入主青龙庙——儒家正统的介入

大约到明清之际，潮州士人将云南的王伉搬请进入青龙庙即安济庙，将原水神"安济王"的冠冕套给他。庙宇的始建是不可考的，证明庙宇远早于明代，只是说在明代才将王伉的神像请进安济庙奉祀，且将原来的封号颁给他。"前明滇人（云南人）有宦于潮者，奉神像至此，号安济灵王，立庙镇水患，遂获安澜。"[5] 但至清雍正年间，一直未列入官方的"祀典"中。至乾隆前期，即接近修乾隆《潮州府志》的年代，才非常勉强地列入。

据上列资料，该庙始建年代不详；神明传说是明代云南籍来潮州官员请入祀的。安济圣王在潮州城具有至高无上的地位，被尊奉为"大老爷"，为何"安济圣王"受到如此隆重祭祀，关于其来历，有四种传统说法：

---

① （宋）王象之：《舆地纪胜》卷一百零二《梅州·诗》，北京：中华书局，1991年，第3145页。

② （宋）王象之：《舆地纪胜》卷一百《潮州·景物上》，北京：中华书局，1991年，第3109页。

③ （清）刘广聪纂：康熙《程乡县志》卷四，北京：书目文献出版社，1992年，第417页。

④ （清）林杭学修：康熙《潮州府志》，潮州：潮州市方志办影印本，2003年，第113页。

⑤ （清）周硕勋修：乾隆《潮州府志》卷二十五《祀典》，台北：成文出版社，1967年，第448页。

第一，乾隆版"前明滇人有宦于潮者，奉神像至此"说的扩展。

据民国时记录下来的民间传说称：青龙爷是一位菩萨，生前是蜀汉永昌府丞王伉，诸葛亮平西南时，王伉有功于国，有德于民。死后，受到川滇等处奉祀。到了宋时，皇帝就封他做安济圣王。明朝季年，有滇人官于潮州，奉安济圣王香火同来。以官府之提倡，于潮州府城南门外临韩江名叫"青龙埔"之地修建庙宇，供奉神像。庙榜书"青龙古庙"，俗遂称神为"青龙爷"或"大老爷"，因有青龙出现。每淫雨水涨，则乡人群集守堤。若发现青龙游泳之处，即是处堤土必将松溃，得知急行填筑。关系地方大事，神方行示兆，故潮人称之为全郡福神。①

第二，清官王伉私开仓救民拟献身，但最后驾驭了蛇精，飘然到了潮州受崇拜。

民国年间亦有传说王伉做永昌府丞时欲私自开仓赈饥，想要更快开仓，决定抄小路，越深山，但山中藏着噬人不择的蛇精。王伉接近蛇窟时，跪下祷祝，请求蛇精暂时让他通过，并约定事毕回来，亲自献身供其口腹。王伉开仓赈饥后，又回到小路实现诺言，到了小路，斗大的蛇头拔山倒海而来。王伉不慌不忙，一脚跨上蛇身，飘然向西而去。潮州乡民遇到韩江水涨，以顺流飘来的青色驯蛇为王伉替身，大拜特拜。②

其实，第二个传说是对第一个传说的补充，丰富了王伉在永昌的事迹，都属于神外来（云南）说。

第三，潮州本地人谢少沧在永昌府任官，当地发生旱灾，他私自赈灾获罪被处以重刑，附近王伉庙神挽救了他。

传说蜀汉永昌太守王伉，在一次保卫城池战斗中牺牲。明初潮州人谢少沧任永昌府官，有一次，当地发生旱灾，他未得朝廷应允便私自打开仓库，施济饥民。朝廷获悉，处曝日七天的刑罚。将罚时，头顶二空骤然有乌云遮日。疑惑中，梦见有一神明前来庇护。赦罪之后，他才知道梦中的神明竟与附近王伉庙中的王伉像一模一样。后来他将庙中的王伉及六夫人、二夫人神像带回潮州。适逢韩江发水，便将王伉他们的神像供置在江沿的青龙古庙，洪水果然解除，古城安然无恙。王伉从此被推崇为"安济圣王"。③

---

① 黄仲琴：《潮州的青龙爷》，《民俗周刊》1928 年第 4 期。

② 程云详：《关于潮州的青龙爷》，《民俗周刊》1928 年第 4 期。

③ 沈敏：《潮安年节风俗谈》，《安济王出游》，潮州：砎轮印务局，民国二十六年（1937）。

第四，明末潮州城南门外谢厝大族有宦游云南者，获罪发配永昌郡，但他的虔诚感念安济老爷，最后脱罪被释，私刻安济王神像带回潮州家乡，供奉于青龙埔土庙。

据说明末潮州城南门外谢厝①，有一名叫谢少沧的，宦游云南，因犯罪发配永昌郡。因他很相信安济老爷，心诚念坚，梦神庇护。后来脱罪释放，便自以为是安济老爷在暗中保佑。清初他回潮州时，便在云南私刻安济老爷神像，带返潮州，供奉于青龙埔土庙之内，后来各方善男信女，集资为他（安济老爷）建起堂皇的庙宇。②

第三个与第四个传说大同小异，与原来乾隆版最大的差异是，请神入祀的不是云南人，而是到云南当官的潮州本地人。

据曾楚楠考证，谢少沧是嘉靖壬子科（1552）举人，原名为谢绍祖，字少沧，海阳谢良庆（正德五年庚午科举人）之孙，官至岷府长史。谢少沧并未"宦游云南"。按传说，谢少沧"建青龙庙"的时间在清初，但修成于顺治十八年（1661）辛丑的《潮州府志》中，对青龙庙却无片言只语之记述，故建庙之"清初"，按理当在辛丑之后。说他于"清初"建青龙庙，事同子虚。总之，根据现有的资料分析，青龙庙系"清初由谢少沧所建"的传说，缺乏依据。在未获新的更确凿的佐证之前，关于青龙庙的始建年代及建造缘由，仍当以乾隆《潮州府志》所载的"前明滇人有宦于潮者，奉神像至此"的说法为准。③可备一说。

虽然王伉入祀青龙（安济）庙，但青龙神受到的重视与关注远远超过安济王。乾隆元年（1736）举人，乾隆五十八年（1793）任兴宁县典史的浙江人俞蛟笔记载《迎青龙》：

> 潮州土俗，以蛇之有青色者为青龙，奉之如神。每岁二月望到，结彩为舆，管弦钲鼓，舁之行，名曰"迎青龙"。各船女郎之未经梳栊者，皆浓妆艳服，扮剧中故事，随神游行，望之灿然，如锦始濯，如花始发，艳心眩目，莫可名言。纨绔子弟，裙屐少年，争备金缯，择佳丽者，以次给之。受者名曰得标。得标多者，声名噪甚，即有大腹贾不

① 谢姓为明清以来该地之大宗族。
② 王琳乾编：《汕头旧俗谈·安济王出游》，1983年重印（1962年油印本），第24–25页。
③ 曾楚楠：《青龙庙建造年代刍探》，《潮州市志资料》（内部资料），1986年创刊号；曾楚楠：《青龙庙·谢少沧》，《潮州日报》，2009年12月30日"潮州文化"专版。

惜千金，为制衣饰，与之梳栊。昔丘海阳铁香，有《观妓诗》云："凤城二月好春光，社鼓逢逢报赛忙。百戏具张全不顾，争围抬阁看新妆。"又云："一枝花斗一枝新，公子王孙逐后尘。夺得锦标载月返，不知春思属何人？"盖实录也。①

乾隆戊申举人张对墀撰写的《潮州竹枝词》（其一）中有女性对青龙热衷的祷告如此描述：

> 一水南堤荫古榕，篝灯香火祀青龙。
> 数行罗绮阶前拜，灵答争持候煞侬。②

从祈祷者身着"罗绮"来看，其中应不乏有富贵人家的女眷。

清嘉道年间，寓居于潮州城的粤东诗人黄钊作有《裀弦》二首（道光元年，1821），其一《青龙神》诗曰："潮人奉神曰若禹。"③可见潮人之重视程度及奉祀级别之高。

至咸丰年间，《清史稿》记载了全国各地受到中央认可的神明有："临清、东昌、河南正阳关并祀金龙四大王，……潮州祀安济王汉王伉。"④

因为有了中央颁布的合法"祀典"，故清代后期青龙（安济）民间信仰在潮州城更为兴盛。任道光、咸丰两朝海阳县令的陈坤⑤（钱塘人，一作顺天人）有诗云："灵爽当年处处闻，闾阎百万护慈云。喧传箫鼓神游早，共喜收成有十分。"⑥诗后注曰：潮郡南门外有青龙庙，相传祀蜀汉时永昌太守王伉，甚著灵异。每年正月卜期出游，以时之迟早决岁之歉丰也。

咸丰年间，潮州本地士子林大川在其笔记中极力渲染青龙庙捍卫水患的

---

① （清）俞蛟：《梦厂杂著》卷十《潮嘉风月·迎青龙》，北京：北京古籍出版社，2001年，第203-204页。

② 温廷敬辑，吴二持、蔡起贤校点：《潮州诗萃·乙编卷十三·清》，汕头：汕头大学出版社，2001年，第673页。

③ （清）黄钊：《读白华草堂诗初集》卷七，道光戊申（1848）刻本。

④ 赵尔巽等修：《清史稿》卷八十四《志五十九礼·礼三·吉礼三》，北京：中华书局，1977年，第2548页。

⑤ 饶宗颐总纂民国《潮州志·职官志三》（1949年铅印本，页三十一）载，陈坤为顺天人，道光二十五年（1845）任海阳县知县，咸丰六年（1856）再任。

⑥ （清）陈坤：《岭南杂事诗钞》，载雷梦水等编：《中华竹枝词》，北京：北京古籍出版社，1997年，第2774页。

潮汕文化丛书

第一章 绪言

神奇，潮人对其信仰之重视。如其"安济王庙"条云：

> 安济王，即青龙王，"安济"其封号也。庙在城南，屹立长堤，冲当洪水，保护全城，我潮福主也。惠潮观察张介祺题有庙联：神明照汉代，灵爽荫潮州。余初疑汉代二字无考，后阅郡志，知神为蜀汉永昌太守（王公伉），随诸葛征蛮，公守城捍贼，殁为神明。前明滇人有宦于潮者，奉神像至此，号安济灵王，立庙镇水患，遂获安澜，殆传所称有功于民，则祀者欤？

又"青龙王寿诞"条载：

> 王极灵爽，郡人称为活佛。每神降，见有灵物蜿蜒，凭龛次香案间，其色青翠，头有王字，是曰青龙。来去倏忽，隐见无常。郡人以得见为吉，然不可必也。惟三月二十七日为王寿诞，每当府、道（台）行香际，演戏排八仙时，神多降于神坛花瓶柘石榴枝上，万人瞻仰。郡人一逢神降，奉之益虔。
>
> 余按：青龙王灵迹极广，聚来可作镇日谈。今特举三则最昭著人耳目者录之，以起人敬谨。……最可异者，凡作大水，庙祝必跌筶，请神出庙。神如肯出，水不为灾；神一不出，水势定大。庙祝则坐神于轿，高系梁间，听任波浪拍天，只及轿而止，从无有浸湿神靴者。此捍水患一大明证，千秋血食于我潮也，岂不宜哉？ ①

可见，清代乾隆年间，安济庙与青龙庙合流为一处；而到清末时，安济王与青龙王已混合为一体了，甚至可以说，将南方原始蛇的信仰与宋代水神的封号安济王，都加在王伉公身上了。"安济庙"为潮州城最重要的庙宇，民众称为"大老爷宫"，故而王伉公被称为"大老爷"。至于清末，其游神赛会达到极盛。有当时报章实录如下：

> 郡南青龙古庙，所祀为安济圣王，每岁出游，最为热闹。俗于三日内郡垣各行店各备花灯，马景先出，夜游分为七社，有上东堤社，有下东堤社，有下水门街社，有下市社、后巷社、保盛社、太平社。连年疫气盛行，商情冷淡，下市、太平花灯已于去岁暂行停止。

---

① （清）林大川撰，彭妙艳校点：《韩江记》卷三，郑州：中州古籍出版社，2000 年，第48—49 页。

兹二十二夜为花灯出游第一夜，各社花灯由大街直下至南关外安济王庙，拈香礼拜，然后进城，遍游各巷。是夜各门户皆张灯结彩，其闺中妇女皆垂帘列坐以看花灯。大街两旁对门排列，粉白黛绿，斗媚争妍。中央游客缤纷杂沓，顾盼自豪，直至南关前，则诸佐贰并四营官各带差役、兵丁持刀枪、器械就地弹压，以（资）护卫。自关以外南门街至南堤顶一带，两畔坐列妇女俗不准游观者，持灯四照，否则饱诸烂崽之老拳，虽脱帽褫衣，亦未定也。故游人戒之。此夜熙熙攘攘，直闹至十一下钟，花灯俱已进城，诸佐贰并四营官、差役、兵丁人等始行撤回云。①

郡南青龙庙安济王日前出游，极形热闹，已登前报。因该神近十余年声名远播，南逾重洋，凡暹罗、石叻、安南等处各潮商崇信慕切，多有捐集巨赀创立社会者。故每岁于神游前一日，在郡南校场、官厅、天地坛等处演剧赛会，务极繁华。

中夜王、夫人出游，即直趋校场、天地坛两处，火爆之声，烟火之光，震耀天地。当王之未出游也，人民争先赴庙膜拜者以万数。王之二夫人轿上遍插红花，前后左右先站立数十人，俟夫人出庙预备探花，俗谓采得一花，即为宜男之兆。庙前士农工商各色人等蚁聚蜂集，争扶王、夫人轿以祈平安，沿途攀挽辕者颇为挤拥，至有失去鞋帽等物或被撞伤者，然皆不少爱惜而以为最大幸福。

傍晓进城，即有背负花篮在王前驱，手持石描花，名为利市花沿街求售者以百数。各家妇女闻声，争买一花，值钱十文或数十文，花之成子者至值一二百文，因夫人之花有宜男兆，故倍加珍重也。及王、夫人轿至，则街巷震动，百姓飚拜若崩厥角，火爆震天，对面不见人，王、夫人即从火烟朦胧之中径趋而过，各执事人等并随游诸锣鼓千数百人且行且走，轮流更替，直闹至明天八九点钟始行回庙。

是夜，城内夜游烟火花灯烛天震地，加以鼓乐喧阗，左顾右盼，应接不暇，而火爆之盛，烟火之多，则以道、镇、府各衙门为最云。

按：安济王出游，郡垣内外各行店人家赛会迎神牺牲、玉帛、果品、火爆一切礼物，富者动费银一二百员，贫者至少亦须一二员，然皆欢欣鼓舞不见其苦者。以潮俗信神，富者无不乐输，贫者多系积蓄，且

---

① 佚名：《花灯琐记》，《岭东日报》光绪二十九年（1903）正月廿八日"潮嘉新闻"。

各用物项愈多，各行商务益形畅旺，得此失彼，损益足以相衡故也。①

又因为有了地方"祀典"这一护身符，清末欲禁而不能止：

郡函云：（青龙）神游之锣鼓会，文武官员会衔严禁，已志前报矣。后因青龙神在祀典之列，而潮人迷信甚深，见此示文，嚣嚣不已。故各官为神弛禁，多派差勇弹压，使会党不敢滋事，是得毋民之所好好之乎？②

结　语

青龙庙即安济庙的始建年代及具体演变等很多问题，到目前为止，仍然隐昧不明。如青龙庙与安济庙哪个先建置，后又何时合而为一空间而两匾额共存。这些问题都有赖于以后史料的挖掘。虽则如此，目前可以初步推断的是：青龙（安济）庙在明代之前已存在了，在不同时期由若干种不同的主祀神明，在这同一个空间进行叠合与互动。其最底层的本土信仰理所当然是蛇神，由原始的大蟒蛇至明中后期演变为温和的小青蛇；其中间层信仰是宋代闽粤赣边共同得到官方敕封的水神"安济圣王"；最后至清乾隆年间，才将其冠冕加在蜀汉时期为国忠勇牺牲的王伉身上。至此，才算得到了被官方列进"祀典"的资格。但在有清一代，它始终游离在民间与官方之间，一方面，民众、商贾与部分官员、士大夫将其推崇到潮州城"福主"的地位；另一方面，它仍摆脱不了被坚持正统的官员或本土士大夫作为"淫祀"而不齿，甚至到民国之后屡遭官方禁止巡游之厄运。

---

① 佚名：《赛会余谈》，《岭东日报》光绪二十九年（1903）二月初二日"潮嘉新闻"。
② 佚名：《潮郡游神杂志》，《岭东日报》光绪三十年（1904）正月廿九日"潮嘉新闻"。

第二章　青龙庙沿革

第一节　青龙庙的创立

潮郡青龙庙，又名安济王庙，现供奉王伉公、三仙师公等十八位神明，是潮州最具人气的庙宇，该庙创于何时，史无确切记载，也难以查考，但从其历史上祭祀水神、青蛇、三仙师公与王伉公等主神的传说和史料，我们尚可试为探析。

东汉许慎《说文解字》载："闽，东南越，蛇种，从虫门声。"[①]细品许慎对"闽"的释义，按照今天人类学的观念，大概可以理解是指生活在东南沿海一带，以蛇为图腾崇拜的古老族群。潮州古属闽越地，当以蛇为崇拜对象。由此似可推测，在汉代或汉以前，属闽越之地的潮州已具有民间蛇神崇拜思想基础，后来便产生对蛇神的祭祀。在中国，蛇通常又称"小龙"，青蛇便可称为"青龙"，故后人在潮州建庙祭祀青蛇而曰"青龙庙"。

今青龙庙有祭祀三仙师者，当与古代韩江上游的民间信仰有密切关系。三仙师崇拜起源于福建上杭旧县（图2-1），而上杭三仙师与潮州的关系现存不少史料记述：其一，紫金山乌兜隔仙师祠旁（图2-2），清光绪乙酉年（1885）立的《黄仙师实迹纪略》碑的碑文载"驱妖至潮阳，见士人求雨不应，仙师代为祈祷，大获甘霖"。其二，"灵应堂"藏的历史上传下来的道教经书《敕封黄倅三太仙师赐福赦罪法忏》中有"东粤潮洋（阳）海洋（阳）县……仙师来到此善县，积显神通降甘霖……海边立起仙师宫"的记载。其三，巫能昌认为仙师主要事迹有"治山妖及虎狼之患、往潮阳（郡）祈雨、以灵丹救宋仁宗之皇后"[②]。其四，潮郡青龙庙流传有"未有王伉公，

[①] （汉）许慎：《说文解字》卷十三上《虫部》，北京：中华书局，1963年，第282页。

[②] 巫能昌：《汀南地区其仙师信仰研究》，《赣南师范学院学报》2011年第2期。

先有三仙师"的俗语，至迟至明代，青龙庙一直在侧殿设立三仙师殿。综合以上四点，透露了北宋年间（1048年之前）潮州已存在三仙师神明及信仰，且可能有被请入祀潮郡青龙庙的信息。

图2-1　福建上杭旧县钟寮场仙师岩仙师塑像（三仙师发迹地之一）

图2-2　紫金山黄仙师祠遗址上所建之"三圣公王"庙（三仙师发迹地之一）

据考证：安济王庙在我国东南部尤其是闽粤赣边地区有广泛的分布，已知的有虔（赣）、汀、梅、潮四州，除潮州建庙时代未见确切外，其余建庙均在宋前或更早时间。在宋徽宗建中靖国元年至崇宁四年（1101—1105），这几个地域都同时得到朝廷颁赐的"安济"匾额，无一例外。唯潮州建庙及赐庙额年代现尚未能定。[①] 以上是青龙庙有可能始建于宋代或更早年代的历史、人文等基础，而三次敕封与赐额也有助于我们的探析。

下面，我们再对传说中潮州青蛇在宋代的三次敕封进行探讨。

第一次是在宋皇祐五年（1053），青蛇保护宋军征战以依智高为首的瑶民内乱取得胜利，被敕封为"安济灵王"。据考证，此次敕封或与潮郡青龙庙无关。

第二次是在宋熙宁九年（1076），广西小青蛇随军保佑征讨黎民武装的宋军兵船取得胜利并报捷朝廷，被宋神宗封为"济顺灵王"。乾隆《潮州府志》载："按：宋沈存中有《彭蠡小龙记》，熙宁中，出师南征，小龙负舟护军仗。有司以状闻，封济顺灵王，诏致祭，小龙自空下。则龙之为灵，昭昭也。证诸沈《记》，则'安济''济顺'盖从其类云。"潮郡青龙庙在规制中更设"圣者爷"牌位祭祀钦差大臣彭蠡，设"圣者亭"纪念他。设置年代未考。据考证，宋沈存中《彭蠡小龙记》中"济顺灵王"是宋神宗对洪州吴城山龙祠的封号，未言及潮郡青龙庙。[②]

第三次是宋崇宁二年（1103）的赐额。据《潮州志·丛谈志》引《舆地纪胜》："梅州有安济王行祠，在城东隅，其庙在恶溪之滨，崇宁二年赐额。"梅州大部分时段独立，不隶潮州。梅城安济王行祠有赐额，但潮城有否，却未见史料记载。

光绪《海阳县志》："安济王庙又名青龙庙，在南门堤侧，庙创自前明。相传神为蜀汉永昌太守王伉，诸葛征蛮，伉守城捍贼，殁为明神。前明滇人有宦于潮者，奉神像至此，遂获安澜。殆《传》所谓有功则祀者欤？"安济圣王原为青龙封号，非王伉公封号，将王伉公入祀时间断为庙创立时间似不确切。

必须指出的是：《宋史》记载，南宋"潮州僧寺有大蛇，能惊动人，前

① 吴榕青：《宋代闽粤赣边的安济王信仰与地域联系——以赣、汀、梅、潮四州为例》，"粤闽赣区域文化研究所成立大会暨粤闽赣区域文化研讨会"，韩山师范学院，2013 年。

② 吴榕青：《宋代闽粤赣边的安济王信仰与地域联系——以赣、汀、梅、潮四州为例》，"粤闽赣区域文化研究所成立大会暨粤闽赣区域文化研讨会"，韩山师范学院，2013 年。

后仕于潮者皆信奉之"。当然此处没有明言具体的寺院名及所在与来龙去脉，难以确定与安济庙是否相关。但有一条可以确认的是，潮州人的蛇崇拜在宋代已有史记载，且有蛇庙存在甚或青龙庙已建立的可能。

安济王庙，或原名青龙庙，后因青龙受封为"安济圣王"，又称安济王庙。三仙师的入祀或先于王伉公，明时王伉公入祀后，又以青龙的安济王封号称之，清方志明载其始建年代不可考。

通过以上的讨论，我们认为青龙庙有可能始建于宋代或更早年代，只是还缺少决断性的依据。

第二节　青龙庙的神崇拜

安济王庙在我国东南方有广泛的分布，已知的有虔（赣）、汀、梅、潮四州，建庙最早记录可以追溯至唐或更早的时期。在宋徽宗建中靖国元年至崇宁四年，这几个地域都同时得到朝廷颁赐的"安济"匾额，无一例外。[1]故史有"安济庙不独潮州有"的说法，且其最早功能是虚拟的水神。但由于这方面的资料空缺，我们暂且将其忽略，而以潮州人最崇拜的"青龙"作为第一位庙主讨论。

一、青龙的初崇拜

潮州先民对"青龙"的初崇拜，可追溯到对蛇的崇拜。

《史记·三皇本纪》（小司马补）记载："太皞庖牺氏，风姓，代燧人氏，继天而王。母曰华胥，履大人迹于雷泽而生庖牺于成纪，蛇身人首，有圣德，仰则观象于天，俯则观法于地，傍观鸟兽之文与地之宜，近取诸身，远取诸物，始画八卦以通神明之德，以类万物之情，造书契以代结绳缉之政，于是始创嫁娶，以俪皮为礼，结网罟以教佃渔，崐古曰宓牺氏[2]。"再据《庄子》《管子》《荀子》《商君书》等多种中华典籍中记载的神话传说，笔者加以梳理：中国上古时期在陕西一个叫华胥的地方，在母系氏族部落

---

[1]　吴榕青：《宋代闽粤赣边的安济王信仰与地域联系——以赣、汀、梅、潮四州为例》，"粤闽赣区域文化研究所成立大会暨粤闽赣区域文化研讨会"，韩山师范学院，2013年。

[2]　庖牺氏、宓牺氏为伏羲氏的不同称呼。

中，有一位杰出女首领华胥氏，她踩雷神脚印，有感而孕，生下伏羲和女娲兄妹。伏羲和女娲同为龙身人首或蛇身人首，他们在一场洪灾来临之时配婚成夫妇，遂成为华夏人文初祖 ①。伏羲与女娲的传说影响深远。现代考古发现：汉墓壁画中的男女双人像均为人身蛇尾，且蛇尾每每都是交缠在一起，这说明到了汉代，中华民族仍以蛇为图腾。

汉代司马迁《史记》载："刘媪尝息大泽之陂，梦与神遇。是时雷电晦冥，大公往视，则见蛟龙其上，已而有身，遂产高祖。"汉高祖出生的传说是一个极具代表性的例子。后来，由于巨大的恐龙化石被发现，人们认为有龙这种动物，且传说中的龙有鳞、有角、有须、有脚，能腾云驾雾、呼风唤雨。因此，古代帝王们既自认是伏羲、女娲之后，当是蛇身，而其同类"龙"则比蛇更显高贵，因此编撰故事，制造舆论，以说明"皇权天授"的合法性和神秘性。潮州凤凰山是全国畲族的发祥地，畲族神曲《高皇歌》："笔头落纸字算真，且说高皇的出身，当初娘娘耳朵起，凭是变龙后变人"，也反映了即便是地处偏僻的南方边陲地带、生产力和文化比较低下的少数民族，也同样有对龙（蛇）的崇拜。

岭南地区地理环境复杂多样，人与环境感应整合，形成生态文化多样性，反映在精神层面上即有多神崇拜且存在于社会生活各个角落。

在两广的西江流域，流行着"龙母崇拜"。1949 年以前，在高要、肇庆、顺德、广州、港澳和广西梧州、藤县等地，有"龙母庙"数以千计，尤以德庆悦城的龙母祖庙最为著名。南朝沈怀志《南越志》、唐刘恂《岭表录异》等均有记载。自汉以来，各朝对龙母封赠有加，甚至由道教"三天上帝"封为"水府元君"，显示这位龙母由人变成水神。德庆悦城的龙母祖庙传闻中，流行着"五龙太子朝母"之说 ②，此当可理解为蛇的化身。清代潮州城西有祀蛇神的"三界庙" ③。屈大均《广东新语·神语》记载有听蛇神决是非的情状。地处雷州半岛的湛江一带，则有"黄蛇仙"的传说，后在湖光岩北面立蛇仙塑像，供人奉祀。

蛇神传说流传遍于西江流域和粤西一带，均说明广府民系是蛇神崇拜者。

---

① 伏羲和女娲是少典之父母、炎帝和黄帝之祖父母。

② 即龙母诞期，常有五条青蛇盘踞在神案楹柱间。

③ 据《潮州府志》载，潮州三界庙在金山前的金城巷。

在各民系对蛇神崇拜的比较中，又以福佬民系为甚。潮州先民作为蛮、越部族的一部分，与福建闽族关系密切，本身就信奉蛇神。汉代许慎《说文解字·虫部》中对"闽"的解释是："闽，东南越，蛇种。"至于形义字"蛮"，实际就代表蛮族崇拜虫蛇和文身，且语言复杂。

据清乾隆《潮州府志·寺观》记述：

> 青龙庙，庙跨城南大堤，当韩江之冲，神素灵应，常有灵物蜿蜒凭龛次香案间，其色青，是曰青龙。倏忽隐现，土人谓见之则吉，士夫商贾过潮者咸祀之，然不必见也。潮人睹青龙之来，辄谓神降，奉之益虔，至不敢暧昧质诸祠下。

时至今天，潮州境内还有以祭祀青蛇为主的庙宇，如青龙庙以北约五公里韩江东岸的意溪龙王古庙（图2-3），其主祭神明就是青蛇（详见第四章第三节"意溪龙王古庙"）。而在海外，也完整地把古俗传承至今，如马来西亚槟榔屿的福兴宫（望脚兰蛇庙，由当地华族闽南人所建），就将活体青蛇与清水祖师一起作为供奉偶像祭拜（图2-4）。而在潮州，近年的小青蛇出现，都被信众当作"大老爷"争相祭拜（图2-5）。

图2-3　意溪龙王古庙局部（杏夫摄）

图 2-4　马来西亚槟榔屿福兴宫

图 2-5　2014 年正月潮安江东亭头村有小青蛇出现在该村的江边古庙，当地村民及四方信众涌向该处虔诚膜拜

《宋史》记载，南宋"潮州僧寺有大蛇，能惊动人，前后仕于潮者皆信奉之"。[1] 此处没有明言具体的寺院名及所在与来龙去脉，虽难以确定与安济庙是否相关，但可以肯定地说，潮州人信奉蛇神由来已久，且至迟在宋或宋以前，已有庙宇祀蛇甚或是蛇庙存在。

综上所述，可知潮人对青龙的崇拜，从大范畴讲，是华夏汉民族对蛇神的崇拜；从小范围讲，是古越人对蛇神的崇拜。至于青龙古庙所祀神明何以有三仙师、王伉公等，此种涉及"人神范畴"的新神明，其实是逐渐演变而成的，此是后话。

二、"三仙师"的引入

在潮郡青龙庙，很久前就留下并流传着一句话："未有王伉公，先有三仙师。"说的是我们现在供奉的安济圣王王伉公是在"三仙师"入祀之后才入主的。同时提醒人们要记住"三仙师"在潮州祈雨消灾及入庙祭祀期间造福潮郡百姓的功劳，现在青龙庙左侧花巷侧殿供奉的"三仙师"殿就是最好的例证。但"三仙师"为何引入、何时引入、引入时间多长，历史上却没有留下片言只语，以致人们对"三仙师"的来龙去脉一直无所知。事实上，"三仙师"入祀青龙古庙并非空穴来风，而是有依有据。

---

[1]　（元）脱脱等修：《宋史》卷四百一十六《胡颖传》，北京：中华书局，1977 年。

据《汀州府志》载：

> 黄倅三仙师，上杭人。钟寮场未立，县前有妖怪、虎狼为害，黄七翁与其子及婿倅姓者三人，有异术，治之，群妖遂息。因隐身入石。

紫金山乌兜隔仙师祠旁，清光绪乙酉年（1885）所立的《黄老仙师实迹纪略》碑的碑文有黄倅三仙师"驱妖至潮阳，见士人求雨不应，仙师代为祈祷，大获甘霖。步回紫金山，遂同隐身入岩穴，不复见"的记载。

闽西陈观宝主持的"灵应堂"（图2-6）所藏较为完整的专门道教经书《敕封黄倅三太仙师赐福赦罪法忏》（图2-7）中则有这样的记载：

图2-6　闽西灵应堂（杏夫摄）

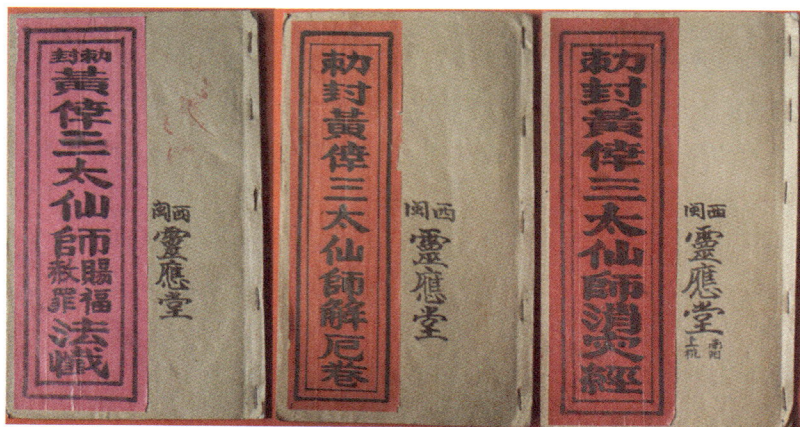

图2-7　灵应堂《敕封黄倅三太仙师赐福赦罪法忏》《敕封黄倅三太仙师解厄卷》《敕封黄倅三太仙师消灾经》（杏夫摄）

东粤潮洋海洋县　　百姓求雨请天神

买尽鱼虾放活命　　满城斋戒禁杀生

仙师来到此善县　　积显神通降甘霖

口吹龙角圣阳阳　　天门地府尽开张

三太仙师灵通显　　腾空奏表上天堂

玉皇降旨到龙台　　百川澎涨尽朝宗

水府龙王皆涌水　　五湖四海放毫光

狂风猛雨江河起　　大雨连天到衙前

大水茫茫奂过处　　海边立起仙师宫

三太仙师显神通　　甘霖下沛救众生

诸般职业皆如愿　　田园耕种万倍收

海洋县里回身转　　脚踏祥云步苍穹

紫金山上黄云洞　　妙法普度开道场

在展开讨论前，我们先对忏文中个别词语作必要的释义：①"潮洋""海洋"的"洋"字为"阳"的通假字。②"潮阳"，潮州历史上曾称潮阳郡，故时称"潮阳"也即潮州；③"海边"，唐朝时，潮州城南12公里就是大海。唐韩愈《祭鳄文》就有"潮之州，大海在其南"之说。北宋时韩江三角洲中部低地平原区才逐渐形成，①故忏文中"海边立起仙师宫"的"海边"可能就是指这一带。

从碑文和忏文的有关记述中，我们可以清晰地看到，北宋年间，三仙师驱妖过潮州，时见潮人祈雨无果百姓受难就挺身而出，为潮州求得甘霖，解除了灾情。而关于三仙师祈雨救灾的功能，《敕封黄倅三太仙师赐福赦罪法忏》《敕封黄倅三太仙师解厄卷》《敕封黄倅三太仙师消灾经》中均有"施雨泽救凡情，常赐甘霖扶稼穑"之类的叙述。在明弘治十年（1497）有关三仙师信仰的文字记载中，也有"岁遇灾旱，（三仙师）祷之有应"的感应。

从地域上说，潮州与汀州山连山、水连水，地缘相接，况且，宋元明时期，潮州和汀州行政区域都没有大的变化，②这为两地的政治、文化和经济交流提供了较稳定的客观环境。两地交往密切，在语言上，潮州虽然是以潮

---

① 刘明光主编：《中国自然地图集》，北京：中国地图出版社，1998年，第168页。

② 谭其骧主编：《中国历史地图集》，北京：中国地图出版社，1982年，第六册第32-33、65-68页，第七册第20-28、30-31、73页。

语为主，但丰顺、大埔二县都以客家话为主，就连其他各县，也有客家人混居其中，潮客文化密不可分。再则，汀州府的河流流域还是以韩江的支流汀江为主，潮州是福建、江西、广东三省交界的重要城市，十三县水道的出海口，在以水运为主要交通途径的古代社会，韩江及其支流有着不可替代的作用。韩江直通汀州的北部，时至1982年，汀江的通航里程还达到了202公里，上杭则处于汀江的中游地段。[①]

汀州信奉妈祖历史悠久。早在南宋时初建"三圣妃宫"，明代改称"天妃宫"，清雍正十年（1732）改为"天后宫"。宋《临汀志》载："三圣妃宫在长汀县南富文坊及潮州祖庙（天妃庙）。……今州县吏运盐纲必祷焉。"据考，南宋绍定年间，长汀县令宋慈开凿汀江航运直通韩江，汀人走水路往返于汀州、潮州之间，为求航运安全，而从潮州祖庙分香到汀州建天后宫奉祀"海上女神"妈祖。

所以，属于汀州的上杭"三仙师"到潮州祈雨，后来入祀于青龙庙，而潮州东门天后宫分香给汀州各地建"三圣妃宫"。这种互动，符合民间信仰传播的"双向性"原则。

通过上文讨论，我们可以把"三仙师"引入潮州的过程梳理为：北宋时潮州遭遇大旱灾，驱妖到潮州的上杭"三仙师"在潮民祈雨无力时出手相助，施法祈雨，解除了旱情。潮州人为感谢这一为府邑带来福祉的神明，将其供奉起来。

而"三仙师"何时到潮州祈雨，潮人何时以何种形式为其立祠，包括独立为庙，或奉入青龙庙与青龙一庙二殿祭拜[②]等具体细节，均未见记载。比较明晰的是"三仙师"被敕封为"感应护国爱民三大真仙"是宋庆历年间（1041—1048），且其敕封是为潮州祈雨以后的事，那么三仙师到潮州祈雨至晚应该是在宋庆历八年（1048）以前。

现在，在青龙庙以北三公里的韩江东岸东津也有三师庙（图2-8），主祭神位就是三仙师，左侧附祭位是青龙（蛇）爷，其祭祀格局，按推断应与三仙师入祀青龙庙后的祭位排序有关。当笔者向庙祝询其来历和青龙庙的关系时却被一口否定。

---

① 交通部编：《中华人民共和国内河航道图集》，1981年。

② 潮州此前已有先例，如韩文公祠初置于北宋咸平二年（999），设于金山麓郡治前夫子庙正室东厢，时夫子庙内就是一庙二主。

图 2-8　东津三师庙"合境平安"碑（杏夫摄）

下面辑录汀州紫金山乌兜隔仙师祠旁《黄老仙师实迹纪略》碑文（图 2-9）中关于"三仙师"的传说，以对"三仙师"有更深刻的了解。

图 2-9　乌兜隔仙师祠旁《黄老仙师实迹纪略》碑现状（杏夫摄）

仙师宋初人也，姓黄，名师传，号七翁。父忠肃，世居江夏，遭世乱，携妻张氏，入闽汀，途过紫金山，因居者。中年得仙师，生而奇物，谛视有文在手曰［师］。方成童，授经，然领悟。获奇书，他人莫识，惟仙师得。余人云，由是立志修真，卒成正果。据宝卷所载，以为太上再世，文有征也。妻董氏，世传董仙女也。生子名继先，号十三郎，又女年及笄，有［倖］（幸）成大号八郎云，远来就学，志甚笃，因赘者。肃夫妇殁，葬于紫金山元阳，仙师即庐基之，率子婿能谷［其］（共）间，教以修炼之术，二子遵而行之，俱得成道。是时山妖为祟，十室九空，又有虎狼患，均灭之。驱妖至潮阳，见士人求雨不应，仙师代为祈祷，大获甘霖。步回紫金山，遂同隐身入岩穴，不复见，时年七十有三。常现像于石壁间，时人感共拯救之恩，因于石岩穴下建坛祀之，以致报功崇德之志者。迨至仁宗庆历间，后宫周氏生产垂危，医束手。仁宗出榜求医，焚香祈祷。仙师感共诚悃，偕子婿至京城揭榜。延入，常授以灵丹服之，其病立愈。仁宗问其姓名，各具以对。又问籍隶何处，仙师答曰：“平地起风波，金山胜景多。扁峰天外矗，羊角岭头高。乌峡环安宅，黄云捧乐窝。梅溪石砌寨，狮象把河中。”仁宗叹曰：“真仙境也。”谢与金银不受，赐与官职不受，敕封为“威应护国三大真仙”。自宋而降，历元、明、清三朝，时值干旱，祈雨即降，人沾疾病求药即愈。凡有所祈，无不如响斯应，杭之民皆以祖称之。清光绪乙酉间（1885），都人士复请于朝，加封“灵［感］（威）”徽号，愈觉尊荣。①

三、王伉公的入祀

在潮州，青龙庙是香火最旺的庙宇，安济圣王是最有民众基础的神祇，但对于王伉是怎样成为安济圣王的，通过什么途径进入潮州，由什么人引进，历史上众说纷纭，其中比较集中的有“施所学说”和“谢少沧说”，而“谢少沧说”又有“为官说”和“经商说”的区别。

下面通过一些志书的记载和学者的论述来探讨这个问题。

其一，“施所学说”。关于“施所学说”，曾楚楠先生早已有考证，据乾隆《潮州府志》载：“前明滇人有宦于潮者，奉神像至此，号安济灵王，立

① 参考巫能昌先生《汀南地区其仙师信仰研究》一书中有关章节。

庙镇水患，遂获安澜。"查明万历至崇祯年间职官表（图 2-10），滇人（云南省人）到潮州任官者有：王国宾，云南蒙自举人，万历九年（1581）潮州府推官；施所学，永昌举人，明万历二十七年（1599）潮州府海防同知；朱家民，曲靖举人，万历四十二年（1614）潮州府督粮通判；侯必登，云南江川进士，穆宗隆庆二年（1568）潮州知府；杨汝听，大理举人，隆庆三年（1569）潮州府海防同知；梅极，曲靖举人，崇祯二年（1629）潮州府海防同知；廖含弘，云南卫举人，崇祯十二年（1639）潮州府海防同知，共计 7 人。王伉之所以会成为潮州神明，有可能由这些滇籍官员将其对家乡神明的崇祀延及潮州任所，此说更为可信。

图 2-10　清康熙《潮州府志》记载的明万历至崇祯年间职官表

而助理研究员曾秋潼在《青龙古庙史事考略》一文中提到并分析：据乾隆《潮州府志》载，明万历二十七年至二十九年（1599—1601）潮州府辖属海阳、潮阳、揭阳、饶平、大埔等县大地震、飓风灾害频繁。大地震及飓风所带来的暴雨危及堤防，使民众生命财产遭受严重破坏。此时，施所学任海防同知，其职责是与通判分管治农、水利、屯田等事项。在频繁的地震和水患面前，出于职责的要求，而又在抗灾乏术的情况下，往往需要借助神明消灾。但当地的神明制服不了灾患，此时以自己所虔诚尊奉的家乡神明治灾，应该是顺理成章的事情。而且立王伉为神明镇水之后，具然水退波平，韩江安澜，奉王伉为降水之神，王伉也被称为"安济灵王"了。

根据二位学者的分析，"施所学说"可以说是持之有据言之成理。

其二，"谢少沧说"。据郑启昭先生的《新韩江闻见录》述：当年王伉因降伏孟获而赢得孔明的褒奖。当地民众念其功绩，在其身后建庙设坛，刻神像祭祀。潮人谢少沧，明嘉靖壬午年（1522）中举人后，被朝廷派任云南

永昌郡守。谢任云南永昌郡守时，因赈灾济民，触及国法，置于高台雨淋日炙，幸王伉化神保护使其死里逃生。（详见第七章第一节"王伉与谢少沧"）

谢少沧回潮之时，将王伉的神像塑为金身，带回家中设坛祀奉。及后将神像迁到南门堤畔的青龙古庙。

对于这个问题，民间潮学研究者蔡绍彬先生在《潮州青龙古庙》一书中有所述及，从《潮州府志·选举》中查找，不但在明世宗嘉靖元年的壬午榜找不到谢少沧的科名，而且从各版的《潮州府志》和《海阳县志》都找不到有关他的记录。且在云南保山文化局的调查中，明代职位表也找不到谢少沧这个名字。那么"谢少沧说"之"为官说"难道是子乌虚有的吗？不是！蔡氏在该书又述及：明成化十九年（1483）癸卯潮州府乡试第八名举人谢湖字"少沧"（图2-11）。四年后的明成化二十三年（1487），谢湖到京会试，中丁未榜进士，官至从三品的广西参政，驻梧州①，因此，可能再次迎进梧州青蛇。这样，我们似可理解为谢湖仕官时间是明成化二十三年后，而非明嘉靖壬午年，仕官地点为广西而非云南。至于为什么传说谢少沧是在永昌

为官，又迎回王伉神像的问题，其中缘由尚待探索。

"谢少沧说"还有另一方说法，即清初时谢少沧到云南经商迎回（王伉）木像。

对于众说纷纭的王伉入主青龙古庙这一历史悬案，饶宗颐先生的民国《潮州志·丛谈志·异部》录入"蛇神"条文后，还详加按语，说明蛇神和

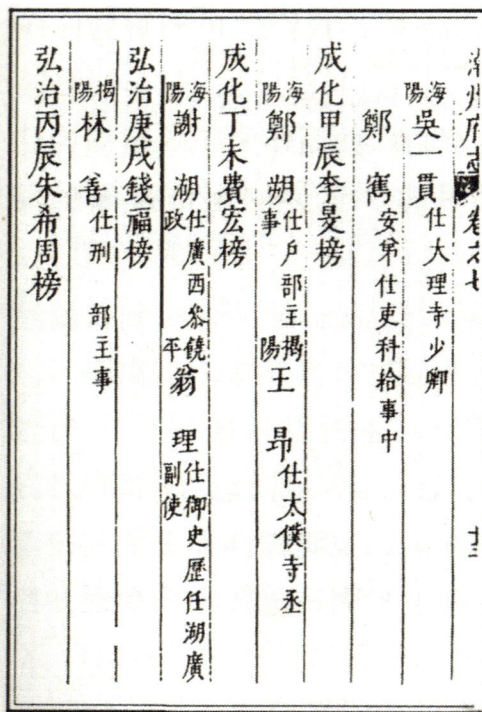

图2-11　清康熙《潮州府志》记录的明代职官表

---

① 梧州为岭南汉民系青蛇崇拜的发源地。

032

王伉入祀于潮之出处不尽相同："其著灵爽则一也。今采众说并存之，何必探源哉？"

对于两方三说，笔者认为，还是要依据饶宗颐先生严谨而大度的"何必探源"的说法。因为，历史已经过去几百年了，现存的资料没有一个能够证明是唯一的，也不能倒置举证说明其他说法是不存在的。因为正确的说法可能只有一种，也可能两种或多种并存。饶宗颐先生说得好："青蛇随处有之，故潮安庙宇称青龙者，不一而足。惟安济王庙之蛇神为尤灵，且安济王又最为潮人所崇奉，故青龙古庙之名独著。"[1] 我们不应针对两方三说去纠缠不已，而应该发掘安济圣王的精神："弘扬文化，促进和谐。"[2]

四、安济圣王（王伉）崇拜的确立

饶宗颐先生在《安济王考》中说：潮安所祀神，以安济圣王为最尊。潮安人称神曰"老爷"，于安济圣王则称"大老爷"。所以冠大字者，示其于诸神中为尤尊显也。关于"安济"之类冠名的来历、归属与演变，很少有人去考究。实际上，"安济"之类的称谓是来源于历史的传说，虽尚未确切，但已深深地烙印在百姓心中。那就是北宋时的二次敕封、一次赐额（详见上节"青龙庙的创立"）。

王伉与潮州的关系见诸传说是在不早于明嘉靖元年（1522）的"谢少沧说"，而"施所学说"是在明万历年间，两方说法相距70多年，而真正的"安济圣王"称谓是要到康熙年间。把没有任何封号的王伉奉祀于青龙庙这个可能有多次敕封的庙宇，时间长达近百年，而把有敕封地位的青蛇和三仙师移为次祀位置，直至清康熙年间传说被封为"灵感安济圣王"，王伉才名正言顺。这张冠李戴的做法究竟是为什么呢？据笔者探究，其理由有二：

其一，"永昌执忠绝域"："蜀汉永昌太守王伉（图2-12），诸葛征蛮，伉守城捍贼，殁为明神。"[3] 永昌郡丞王伉，曾经在越巂、祥牁、建宁三郡叛乱之际挺身而出，与功曹吕凯联手，"执忠绝域"，保境十年，深受诸葛亮器重，南征后上表褒奖，荣升永昌太守。王伉在任期间，恪尽职守，护佑百姓，深得民众爱戴，死后被奉为神明，并祭祀于保山武侯祠。

---

① 饶宗颐、陈韩曦：《选堂清谈录》，北京：紫禁城出版社，2009年。

② 饶宗颐先生为青龙庙所题的词。

③ （清）周硕勋修：乾隆《潮州府志》卷十五之三，潮州：潮州市地方志办公室，2001年，第179页。

图2-12　保山武侯祠中的王伉塑像

其二，拯救潮城与潮人。"前明滇人有宦于潮者，奉神像至此，号安济灵王，立庙镇水患，遂获安澜。"明万历年间，时任海防同知的施所学，在抗灾乏术时，[①]虔诚尊奉家乡的王伉为神明镇水，果然水退波平，韩江安澜，保住了潮州府城，百姓免遭水患。自此，王伉也从陆路神转化为水陆二路神，成为潮州的保护神。而传说中的潮人谢少沧，任云南永昌郡守时，因赈灾济民，触犯国法，被置于高台雨淋日炙，受王伉化神保护，死里逃生。

上述二条，已足够让潮州人将王伉这个无冕之神置于有冠之庙，让其当起潮州的安济王来，但这个阶段仍处于民意上的"大老爷"。

王伉安济圣王崇拜地位在法理上的确认，则来源于民间的传说：清康熙年间，康熙皇帝的御弟受命到潮州安南庙一带韩江边督造战船作征服台湾之用。其间曾到青龙古庙祈王伉神佑，但连得三罚油签，后战事失利，康熙深感民心不可侮、以汉治汉之重要，在加封关羽为关帝后，又加封王伉为"灵感安济圣王"。而关于王伉的敕封，民间还有另一版本，而且对其真实性作了回应（详见第七章第一节"'灵感安济圣王'的由来"）。

有了皇帝的敕封，王伉"安济圣王"的地位这个时候就从法理上得到确认并牢牢地确立了。

而王伉入主青龙庙后的多次显灵更加深了民众对其崇拜之心，诚如林大川所述："王极灵爽，郡人称为'活佛'。"接着又加按语并叙述王伉青龙爷

---

① （清）周硕勋修：乾隆《潮州府志》卷十五之三，潮州：潮州市地方志办公室，2001年，第179页。

显灵的三则故事（详见第七章第一节"青龙王寿诞"），充分印证了"活佛"的由来（图2-13）。

这样一个执忠绝域、护城御水、爱民如子、灵感屡发的好州府官，正是潮州人盼望的"人神"偶像，是潮州"大老爷"的最适合人选。安济王王伉就这样在潮州扎下了根。

但是潮州人对"大老爷"的期望，远非仅止于此，他们希望自家的"大老爷"是"万能"的，安济圣王（王伉）也不负众望，满足了郡民的心理需要，逐渐由水陆神上升为神通广大的神，其"大老爷"形象也渐趋完美，主要有以下一些传说：

图2-13　清《韩江记·青龙王寿诞》

潮城潮人的保护神。自从王伉入主青龙庙后，安济圣王为潮府禳灾避祸。1918年2月13日（农历正月初三）潮汕大地震，潮州死700余人，毁屋无数，急水塔被震损层半，开元寺大雄宝殿释迦牟尼像右膝震堕，右肩震裂，但青龙庙及南北两堤却完好无损，比对他县，潮州仍属此天灾之轻者。又如1922年的"八二台风"是最严重的"初三'流'（潮汐）十八水"引起的天文海啸，南北两堤也安然无恙，故人们认为潮州有安济圣王保佑是"福地"，"三世有修，才生在潮州"。

有求必应，法力无边。潮人有困难就到青龙庙求安济圣王。要生子的，要找个好儿郎、好媳妇的，生了病求康复的，升学找工作的，甚至求顺产的，求婴孩平安的……都喜欢到青龙庙向安济圣王许愿，每年底，还愿的人还要排起队来，怪不得昔时青龙庙堂正殿挂着"有求必应"的横匾。

保佑海外赤子。著名潮商庄静庵先生、李嘉诚先生等在二十世纪三四十年代赴港，临行前都到青龙庙求"香灰"佑安。庄静庵先生生前常说一句话，我对阿诚（即女婿李嘉诚）说，潮州是我们的生身之地。安济圣王保护了我们，要不忘潮州，不忘安济圣王。（图2-14）饶宗颐、陈伟南亦然。

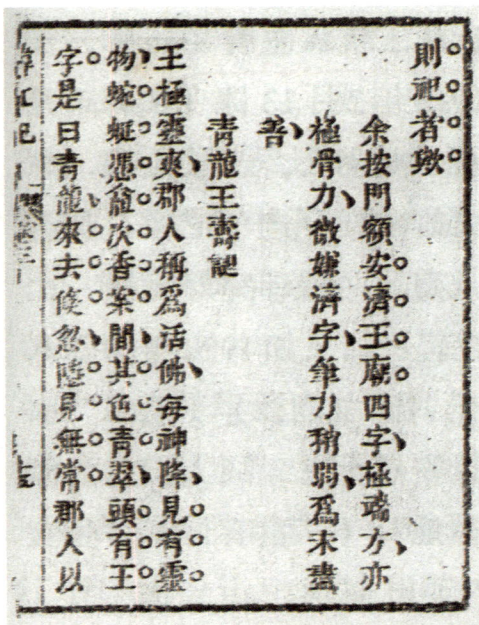

而旅居海外新加坡、泰国、印度尼西亚、马来西亚的潮人，更把安济圣王带到当地建庙供奉起来。在新加坡，还有安济圣王降乩为善众排忧解难的故事及在西海岸下海抢救溺水者的传说。

图2-14　李嘉诚先生赠建的七十所基础小学之永安基础小学

预测未来吉凶。《韩江记·甲寅记略》：清咸丰四年（1854）六月十二日，吴忠恕的反清武装准备进攻潮州城，知府吴均请青龙爷到开元寺降乩，乩爷在纸钱上写"七中七水"，时无人解其义。后来七月初三日农民军在笔架山南的虎仔山用大炮轰击南门，炮弹尽落韩江中，无一击中城墙和城内，被传为青龙爷护境安民。七月二十二日清兵与农民军又发生炮战，农民军从虎子山发炮，清军炮裂伤毙七人，也为大老爷言中。

以上所述，说明安济圣王已从"局限神"上升为"泛神"。

在青龙庙，不需要靡费远行匍匐朝圣，而只要燃上三支香，向着安济圣王虔诚许愿，直接祈求佑助，就能得到心理上的慰藉。

安济圣王的崇拜地位就这样在潮州民间牢牢地得到巩固。

第三节　青龙庙的盛衰

青龙庙是潮人的精神殿堂，建庙历史或可上溯至北宋或更早，游神则不晚于清乾隆三十六年（1771）。在历史的长河中，青龙庙也有三衰六旺，下面就将各个时期青龙庙的盛衰运势作扼要介绍。

宋代。据史料推断，青龙庙或于此时已存在。从北宋到南宋，潮州崇蛇

之风达到了一个高峰，不单民信，官亦跟风，虽有倡禁，但禁而不止，愈禁愈盛。这一时期，三仙师因在潮州祈雨消灾的功绩，被潮人奉为神明，立祠祭祀，或已入祀青龙庙。

元代。此时期为蒙古族统治，蒙古族主要信奉喇嘛教，属于道教范畴的青龙庙当然不被统治者所重视；且元代资料暂缺，无从叙述。

明代。这个时期，王伉"入主"青龙庙，这是青龙庙发展史上的一个关键节点，王伉成为青龙庙祭拜的第三位主神，香火益旺。但是，几乎与此同时，却发生了涸溪、急水二塔斜冲青龙庙宫门的事件。众所周知，传说中的潮州知府林监丞是一个极度仇视潮州进而恶意报复潮州百姓的恶官，且不择手段地破坏潮州的"风水"。为了"废掉"潮州这个"鲤鱼跃龙门"的风水宝地，分别在涸溪建涸溪塔（即"凤凰塔"）"钉"在鱼眼，在江东鲤鱼头建急水塔，把"鲤鱼"钉死，俾使潮州人中不再出现高官。这事初看似乎与青龙庙没有关系，实非然也。在叙述下文的时候，这里必须先说明一下，历史上有无林监丞这个潮州知府，涸溪、急水两塔是否影响潮州"风水"，对于本论题都非重要关节，也不是本书所讨论的。

而笔者在与潮州民俗爱好者何先生的一次座谈中，他讲述了几十年前老辈人留下的有关涸溪塔、急水塔冲青龙古庙的故事，使我们了解到以下的一些内容。

青龙庙虽"跨南堤"，但光绪《海阳县志·风俗》中黄钊关于青龙庙的诗句"芦花白石奠（垫）平土，潮人奉神曰若禹"，说明古青龙庙是在南堤荒芜的江边滩涂慢慢用沙石垒成平地建起来的。开始只是小庙一座，没有任何附属设施，后来才逐步完善，设有拜亭。当时若站在宫门中央，视野及处，涸溪、急水两塔大碍观瞻，斜冲入宫内，庙小塔大似"泰山压顶"，有被吞噬之感，煞了青龙庙的"风水"。据说，二塔相继建成后，青龙庙香火锐减，灵气顿失，寓意"飞凤衔书"的"飞凤腾飞"受阻，青龙庙难以护佑潮州的腾达和代有传人。于是，庙祝请来"风水"先生，在庙前加建了一个开间大的拜亭。这样站在宫门中央，拜亭二柱刚好遮掉了二塔，起到了化凶为吉的作用。后来，惠来举人在为青龙庙撰写的门联中，更将二塔化害为利，把两塔喻为笔，寓意安济圣王拿着二塔作为笔杆子写奏折向上天祈求潮郡平安，潮州人拿它写腾达飞扬的文章，立意深邃、远大。

清代是青龙庙稳定发展的鼎盛阶段。由于康熙皇帝对安济王的敕封，官府逐渐对青龙庙加以关注，潮州经济的繁荣，王伉安济圣王崇拜地位的确

立，使青龙庙获得了空前的发展空间。据光绪《海阳县志·建置》载：青龙庙得到多次修缮，"国（清）朝屡次大修葺"，如乾隆甲寅年（1794）初青龙古庙大整修，光绪二十二年（1896）重修。

在清乾隆年间开始举办的青龙庙会，其规模规制日臻完善。其热闹程度不亚于元宵节，且举办时间是在元宵后的约十天，人们过了元宵，余兴犹存，故被称为"重元宵"，可见当时青龙庙会在信众心目中的地位有多高。青龙庙的各种规制、游神、安路牌、"神前"等在此时已逐步确立。后来的志书中多有庙会盛况的记载（实际上，有关青龙庙的诸多历史记载多来源于此时期），潮州多位名人还为青龙庙会吟诗作对，嘉庆二十四年（1819）举人黄钊、诗人钟声和用诗词记录了包括青龙庙会在内的潮州游神的盛况。清惠来举人卓晏春为青龙庙撰联"船如梭横织江中锦绣，塔作笔仰写天上文章"，成为地方风物的千古佳联。

青龙庙于清光绪二十二年被列入官祭庙宇，春秋二季由官方象征性出资祭祀。

而此时期的庙会巡游都从道台衙内、镇台衙门、府衙、县衙经过，接受知府朝拜，县衙正堂也与郡民一样设"神前"祭拜，以体现官民同乐。

值得一提的是，清时期，潮州由于地处韩江水运的枢纽，且三省二十五县之盐策（盐税部门）设在潮州，故此时达到了历史上的空前繁荣。人们认为，安济圣王佑护着韩江水运的顺畅，故每逢安济圣王出游，各地商人都从四面八方汇集潮府，这种经济的发展对游神的推动作用是巨大的。清中后期是青龙庙历史上最旺盛的阶段，但也存在负面作用。

青龙庙从它诞生之初本就姓"民"，直至"光绪二十二年，每岁春秋二仲月及诞日由官致祭，支祭品银每次五两六钱，在开元寺租项下动支"（光绪《海阳县志·建置略四》），列为春秋官祭，才有了"官庙"的地位。

青龙庙是民间信仰，为百姓祈求神灵佑助、直接与神灵交流的场所，缺乏了"官本庙宇文化"元素的衔接。这样，官员们难免与这种民间信仰之间有着某种不和谐的紧张关系。这种关系到了实际操作上，即使有了"官祭"地位，仍然处于劣势，因为大凡官府倡导的活动总不如民众发自内心的"泛神狂欢节"来得热闹。如昔时农历三月有十三个官祭圣日，青龙庙虽然信众最多、香火最旺，但仍排在天后诞、玄天上帝之后。

　　传统的拜亭，有内置、外置和内外置兼具者三种：内置是在正殿（正座）的前面建突出于内阳埕的殿亭，外置为在头落（门楼）向外延伸的门前亭。不论何种制式的拜亭，顾名思义是为跪拜专设的。在观瞻上，有凸显之建筑美感。潮州人常以拜亭喻额头饱满（俗称"鹅"头）或硕大者，即此意。如小说所写，苏东坡就曾戏说其妹之"鹅"头为："未到厅前三五步，额角已到客厅内。"

　　另外，也有在正座一定距离外设的独立拜亭。现青龙庙就是外置拜亭与独立拜亭并存的格局。

　　民国初期。这个阶段为军阀割据时期，旧军阀利用安济圣王的威望大做文章，达到其鱼肉百姓、刮民膏、吸民脂的目的。

　　民国时期是中国饱受沧桑、战火频仍、政局动荡的年代。青龙庙难免受其影响，民国期间没有青龙庙修建的记录，可能只有维护式的小修小补。

　　民国六年（1917）11月8日，青龙庙曾成为援闽粤军（时称南军）总司令兼潮梅督办陈炯明的司令部。时驻潮闽军在西湖南岩阵地使用德国大炮，射程不足2 000米，能见度也高，但炮轰陈炯明的青龙庙司令部却屡发屡偏，青龙庙安然无恙。虽有某些主客观因素，仍被认为是圣王显灵。故陈炯明以安济圣王保佑其军队夺取潮城为由，在青龙庙挂"佑吾雄师"匾。但此匾却因其残害潮州，只挂了八年就被民众拆除当柴烧。陈炯明统治潮州八年都派军队参加安济圣王出游，此为军队参加青龙庙会巡游的唯一记录。

　　而分管镇守潮州的洪兆麟也仿效陈炯明之做法，利用安济圣王抬高自己，以1922年"八二台风"潮州南北（堤）无虞是圣王显灵为由，立额"灵佑潮州"。但此匾于三年后即1925年就被东征军所毁。

　　1923年安济圣王出游，孙中山亲信许崇智也回潮州参拜圣王。

　　1923年5月，洪兆麟部下闹军饷内讧发生兵变，在潮州大街大肆抢劫，连顺发布铺陈列的安济圣王袍也被兵士所抢，后兵变平息，圣王袍被送回。

　　民国十八年至二十年（1929—1931），时任潮安县县长阮汲清采取"寓禁于征"手法，准青龙庙游神，后引发贼讧古庙、圣像被掳沉江，寻回被砍，复投江中，旧袍新王等事件。

　　民国二十二年至二十五年（1933—1936），当局复古。1936年安济王出

潮汕文化丛书

第二章　青龙庙沿革

游，士绅上书，请求永准免捐，崇为祀典。这年"大老爷"出游，潮城略见"狂欢盛会"的规模。

此时期的执政者既怕神明，又想利用神明，表面上敬神，实质上又操弄神明，主观上不是使神明运势畅旺，但实际上使青龙信仰处于相对稳定的阶段。虽然出现如阮淑清所做的邋遢事，但客观上大体还算延续了清代青龙信仰的鼎盛之风。

抗日战争时期，日本侵略中国，1939年6月，潮城沦陷。此时潮城十室九空，民不聊生，百业萧条。"游大老爷"虽依旧进行，但仅为象征性。日伪政府为笼络民心遇游神之日，也设香案迎神。

抗战胜利后，百业待兴，青龙庙的元气也逐渐得到恢复，庙事活动、庙会都在复兴之中，但不复战前的鼎盛。

新中国成立后。由于众所周知的原因，青龙庙经过了一段曲折的道路，跌至历史的最低谷后，也终于迎来了春天。

青龙庙的活动及庙会延续至1950年，从1951年及其后的正月青龙庙会只限于庙区的小型活动，"营大老爷"的大规模场面，代之以少数人夜间的游神像。"文革"前，可以说是青龙庙历史上低水平的稳定期。

1966年4月的韩江南堤改造和1966年9月的"破四旧"，使青龙庙遭到毁灭性打击。

古庙被拆，庙内最珍贵的文物之一——"八宝"，被送到市博物馆，现为市博物馆的藏品，仍为不幸之幸，倘若推后两个月遇上红卫兵"破四旧"，势必被熔掉。湘子桥鉎牛被送到鼎犁厂熔化铸成大鼎就是一个典型例子。

庙拆墙倒，庙前的一对石狮被移置到附近祠堂门前（重建后送回，2001年元月中旬复失）。庙的石构件和杉木被拉到市政工程队，石构件被当作下水道的压板或打成碎石块，但工程队中的有识之士却把"青龙古庙"（乾隆甲寅年阳月修建的石件）门额匾（图2-15）、"安济王庙"庙匾及下方托匾的两只小石狮等给机智地藏起来。

图2-15 青龙古庙门额匾（乾隆甲寅年阳月立）

岭南文化书系

潮郡青龙庙

圣王神像被"红卫兵"刮去表面的金箔送到潮州镇化工厂（后分设为造漆厂）当柴烧。炼油车间工人陈岳海与众工友用大油桶将圣王神像保护起来。时任厂领导富书记用两全方法，将圣王像安全移出厂区，既保住神像，又使全厂不受株连。

庙拆神走，人们如何顺时应变，延续古庙香火？主要体现在：1994 年的潮郡青龙庙重建、1989 年的安济圣王重光，管委会和郡南乡亲的厮守；2010 年初广东省省长卢瑞华视察潮郡青龙古庙并为该庙撰题楹联；2011 年研究会的成立及其后诸多活动；2011 年至 2012 年青龙庙会被潮州市、广东省列入非物质文化遗产名录；2012 年 6 月省政府参事室、文史研究馆调研组到青龙古庙的调研；2013 年饶宗颐教授为青龙庙会的题词。青龙庙会的重兴等内容下面章节有较详细的表述，本节从略。

第四节　青龙庙的重建

青龙庙 1994 年的重建，主要经历以下几个阶段。

一、期待与守望

1966 年 4 月，青龙古庙因南堤改建被拆毁后，潮州民众及港澳同胞、海外侨胞，就期盼着尽快重建。但紧接着的"文革""破四旧"，哪有重建的可能？"十年动乱"成了十年的无奈守望，改革开放使人们感到清新空气的同时，重建的念头日益增强。20 世纪 80 年代，改革的春风伴随着较宽松的政策环境，全国各地都在恢复被毁损的庙宇。潮州开元寺、大士庵等著名庙宇相继修复，这使大家心动起来，但青龙庙由于一向被视为"封建"的典型，上了禁止重建的"黑名单"，只要谁敢提青龙庙的重建，谁就有被扣上"封建"的帽子的可能。但心系青龙庙的广大民众还是在尽力争取重建，表现在：

民众坚韧的守望。"佛在心中，民到佛到。"有拆得去的宫庙，没有除得了的"诚心"，几乎是在青龙古庙被拆的那个时刻起，人们便顺时应变，改换另一种形式膜拜安济圣王，信众们在原址附近搭棚，立了"大老爷"，但过了不久，又被拆。至重建前的 28 年，屡拆屡建共经历了十多次"轮回"。即便在无任何外在形式的情况下，信众在旧址立起一块石，用油漆写上安济圣王的敕封名，也算是个神位，再不准，堆个沙堆也膜拜起来。一支蜡烛、

一盏船灯，其至一根火柴都能代表他们的虔诚之心。即使荡然无物，在遗址原地默默地跪拜，也能了却他们的夙愿。这时期古庙香火得以延续，也是大量的义工无私奉献的结果。每逢青龙庙会的日子，还有信众在夜间扎扎实实地参加形式上不事张扬、实质内容和运行程序算是周全的游神像活动，从不间断。

一个叫林美清的老人从古庙毁祀的那一刻，一直坚持祭拜圣王近40年到87岁寿终。标伯、明伯、赐伯、老宝、姿娘伯等人也是忠诚的守卫者。魏洁仁是众多善信中的一个代表，儿时给庙送扫帚、蒲团，13岁就常来庙扫地，事业有成后与杨少南一起喜敬安济圣王、大夫人、二夫人金漆木雕神像以及贡床、一对大石狮等，并长期支持郡南其他各庙，曾被来庙调研民俗文化的有关专家称为"积善最乐"者。潮州信众如此，香港和东南亚信众亦然，他们每次回家乡都要到青龙庙的遗址静静地跪拜。庄静庵先生几次回潮州捐资助学，都拨冗前往青龙庙遗址静拜、许愿。

香港潮安同乡会长期以来特别是改革开放后，其会暨同仁在家乡捐巨资建学校、医院、扶贫机构、解困房，助残并捐资办企业，对潮州的经济文教卫生的发展作出了巨大贡献。开元寺的复建也是由该会倡议并斥巨资修复的，在政府和市民中声望很高。更主要的是香港潮安同乡会同仁，特别是庄静庵、李嘉诚、陈伟南等先生去香港谋生前都到青龙古庙拜大老爷，事业有成了，内心仍念念不忘大老爷的神恩，情结很深。当重建青龙古庙的呼声传到香港，早已准备在适当时候向潮州市政府再提议此事的庄静庵先生等，立即行动起来，率先向潮州市政府提出重建青龙古庙。

二、争取与筹划

1992年的年中，香港潮安同乡会为复建青龙古庙，派了由蔡儒添（潮州市荣誉市民、慈善家）（图2-16）、庄永平先生带队的17人代表团，专程来潮州向政府要求恢复古庙，受到潮州市委统战部有关领导同志的热情接待。考虑到在古庙旧址复建涉及堤防、交通等问题，潮州市委、市政府定了3个地点为易址复建预选地：第一是沙洲堤边，第二是城西古美堤边，第三是意溪上埔溪边。代表团奔跑了一天，认为皆不妥，理由是3个预选地都缺乏原有古庙聚灵气、护郡安济的特点，存在严重缺陷。其一沙洲堤边面朝糖厂烟囱，乃庙堂之大碍；其二古美堤边地势太低，洪水来犯必淹；至于意溪上埔沙坝，气场更差。已是傍晚时分，大家都很累，但一致认为，还是回青

蔡如添先生进香

图 2-16　蔡儒添进香（张得海提供）

龙古庙原址看看，蔡儒添先生点了点头，示意原庙址都比 3 个预选地好。第二天，有关同志将香港代表团的意见向潮州市委统战部作了汇报。

蔡儒添回到香港后，向香港潮安同乡会禀报了代表团此行的感受，同乡会立即召集会董研究起草并于壬申年（1992）仲秋发出《重建潮郡安济圣王庙缘起》（由陈森衡抄于影印件）：

我郡南门外青龙古庙为潮名胜古迹，因奉祀三国时蜀汉永昌郡太守王侃公之神像，沿用后代封号，故又称为安济圣王庙。建庙自明迄今垂数百载，形胜崔巍，风景优美，香火鼎盛，灵感播扬。善信不仅潮州一隅，且远及南洋各地。昔岁每值春月，例必赛会，三天万户腾欢，遐方同庆，此凡我潮耆老所共深知灼见者也。

慨自若干年前，因受时局影响，顿失旧观庙址为墟，神光长掩，使过客凭吊唏嘘，不胜沧桑之感。惟复原有望人同此心。今幸庶政日新，百废待举，各地名胜古迹渐次恢复，我郡为首善之区，复兴岂甘后人？于是本地善信及海外侨胞询谋金同爱，有重建安济圣王庙之倡举。

同人等本敬恭桑梓之义，承各方善信之托，特发起募捐运动，共襄盛举，敬盼本港及南洋各处潮侨发心乐助，共观勒成，一面选购器材，

043

鸠工兴建。如进行顺利，可望于本年底全部落成。将来捐款如有盈余，则拨作永久性善举，并推专人负责办事。总之经费方面务求涓滴归公，而营建计划则期规模仍旧，亟需鼎力共沐鸿庥，地灵人杰发扬一郡之风光，山高水长，景仰前贤之典范。此启。

发起人：庄静庵　陈伟南　吴为宜　谢毓义　许应杰　蓝　海

壬申年仲秋

　　香港潮安同乡会这一举动对青龙古庙的重建起到了关键性的作用，立了头功。

　　《重建潮郡安济圣王庙缘起》（图 2-17）送到市里，潮州市委、市政府领导对此很重视，立即指示市委办、市府办召开有关部门领导参加的座谈会，研究一个建设江边公园及恢复青龙古庙的妥善意见。1992 年 9 月 17 日，潮州市政府一位副秘书长主持召集了有关部门负责人座谈，就建设江边公园及恢复青龙古庙的问题进行认真讨论。一致认为：建设江边公园及恢复青龙古庙，是香港知名人士庄静庵先生、李嘉诚先生的要求和意愿，应予支持；但要从有利于交通安全和巩固堤坊，有利于美化环境和发展宗教旅游事业，有利于潮州历史文化名城的建设出发，并宜将竹篷厂划入江边公园的范围；其建设方案应按程序报广东省水利主管部门审批，由潮州市规划建设部门设计；其建设资金，以及竹

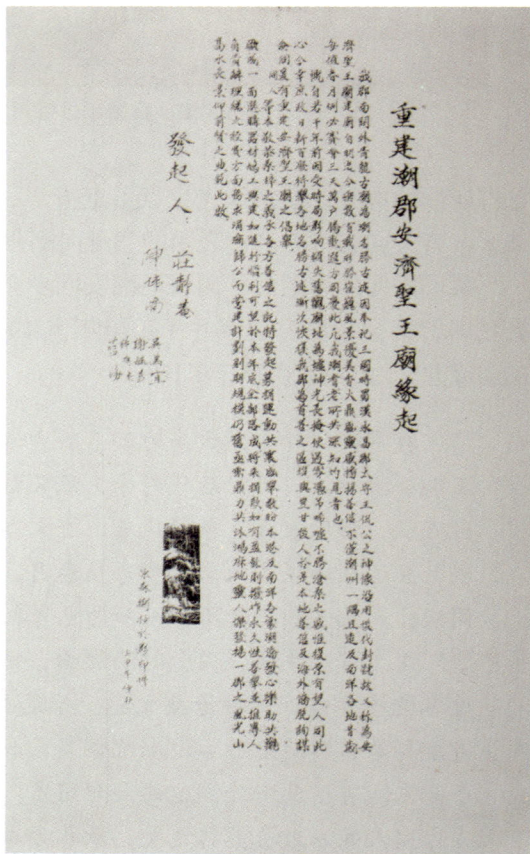

图 2-17　《重建潮郡安济圣王庙缘起》

篷厂的用地、拆迁补偿和堤防加固等费用，均由受委托人黄志鹏同志向海外侨胞和港澳同胞筹资解决。

这个会议方案核心是两个问题：一是青龙古庙可以也必须重建；二是应建在原址，且须扩大。

座谈会后，潮州市委办、市府办向市委、市政府作了"关于黄志鹏等人牵头拟建江边公园有关问题座谈会情况的汇报"，为此，潮州市有关领导指示水利局向广东省水利厅汇报此事。

1993年初，潮州市水利局就该问题向广东省水利厅作了请示报告。3月，广东省水利厅就此作了批复，同意在韩江南北堤桩号堤段外台地建设江滨公园。

潮州市委、市政府领导接到广东省水利厅的批复文件后很重视，先后指示有关单位提出具体实施方案，并作出《兴建桥南江滨公园》的批示，由黄志鹏等人牵头建设江边公园，这样，青龙古庙终于获得了"重生证"。

三、重建与重光

庄静庵先生为香港知名爱国侨领，领衔捐款重建潮州开元寺、青龙古庙等，是潮州绵德小学、中学的创建者。黄志鹏原是庄静庵先生的侄儿，李嘉诚先生的表弟，人脉广，以其特殊身份奔走于各个部门，争取各方支持，是青龙古庙复建的关键人物。

庄静庵先生捐建的绵德中学（图2-18）有了政府批准，各职能部门支持，筹建工作立即有条不紊地开展，香港重建潮郡青龙古庙筹委会（以下简称"香港筹委会"）和潮州青龙古庙筹备建设委员会（以下简称"潮州筹委会"）同时成立。香港筹委会主任是庄静庵，副主任委员是陈伟南、吴为宜、谢毓义、杨文波、许应杰、陈家铭、蓝海、林本典、杨木盛，委员是庄永平、林作辉、黄汉廷、黄雪峰、陈振声、郑持章、郭树堃、余英达、黄镇河、黄旭彬、蔡儒添、杨成、王人榕。潮州筹委会主任是黄志鹏，副主任是张得海、曾凯等。下设办公室，张得海兼任主任负责协调多个职能小组，同时还担任前线总指挥。肖浩民负责日常事务，两个筹委会密切配合，一场重建青龙古庙的大会战开始了。

图 2-18　庄静庵先生捐建的绵德中学

一是资金问题。俗话说：未行军先行粮。当大家正在担心资金时，香港潮安同乡会的一句"包到底"让大家的心放了下来。而黄志鹏带头先捐资50万，成为筹建的首笔巨款。筹委会成员也个个带头捐款，城内百姓听说要重建青龙古庙，也纷纷捐款，资金问题顺利解决。

二是动土事宜。由林旭平、谢友谅等负责。古庙重建因民众的迫切要求早已在1986年正月择吉动土，且每月的初一、十五都对这个"土"祭拜延续至1994年重建开工之时。巧的是古庙的动土与韩江大桥（南桥）的动土刚好同年同月同日同时，为"三脚虎"（丙寅年正月十六日寅时）；几乎是同时，动土的鞭炮在八角亭（韩江大桥动土处）、青龙古庙旧址响起，响彻云霄。

三是三通一平。复建前的南堤一片狼藉，整个堤边除了青龙古庙临时搭建的庙棚和竹篷厂外，周围都是垃圾。听说要清场建古庙，二十多个小伙子主动请缨当义工，白天上班，晚上到南堤用铁斗车一车车地将垃圾载上堤顶拉走。城内的人闻讯都跑来犒劳，到堤边给小伙子们送茶水、送饭菜。两个多月的时间，共清除垃圾杂土数千立方，然后修了便道，铺上沙子。水厂、电厂的人员也主动为古庙通水通电。

四是基建问题。核心是高标准、高质量，也要只争朝夕，设计由古建筑

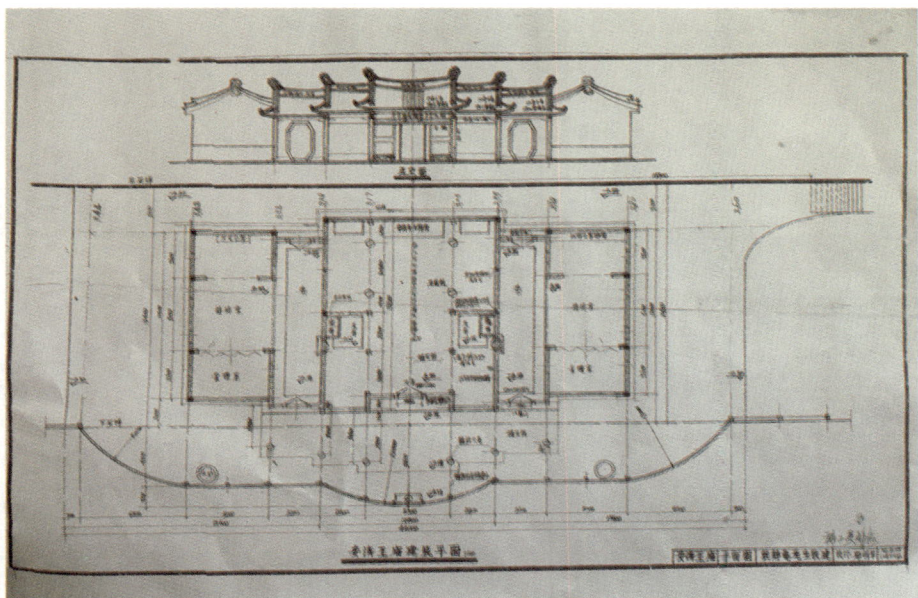

图 2-19 青龙庙设计图（吴锦潮提供）

公司的邱创平主任担当（图 2-19），基建由潮州第一建筑安装公司一处承担，处长洪玉平表示，只收材料费，工程款由工程处发给。实际上，很多参与工程的技术人员和工人都不愿领一分工钱，只做贡献。木结构设计和施工是郑炳照、肖楚明。土建施工是吴锦潮。木雕由木雕厂承担，门前六条龙柱等石雕请福建惠安石雕最好的师傅精心打造。任务落实后，各方面人马都有条不紊地开展实质工作。

五是古庙方位。按"修旧如旧"的原则，修复后的青龙古庙保留了原"庚底分金"和原有风貌。

1994 年初（这个时间恰好是清乾隆甲寅年初青龙古庙大整修的 200 周年），总装的时机到了（图 2-20），负责基建的潮州市第一建筑安装公司一处员工，只用 45 天的时间就完成了土木建筑任务，正殿瓦片一夜就铺砌好。黄志鹏、张得海两人亲手升了正殿大梁。张得海还为升梁即兴作了"升吉好"四句："吉日升梁万事兴，古庙重建永昌盛，安民济世苏黎庶，潮州腾达日月升。"一个半月建好古庙主体，人们说，那是在"叠积木"，也有的说是"深圳速度"，都说对了！

图 2-20 1994 年 3 月重建青龙古庙奠基仪式祭台（庄学桂提供）

　　重建青龙古庙的消息传到潮州市政工程队，他们主动与庙里联系，将"文革"中埋在仓库地下的"青龙古庙"门额匾（清乾隆甲寅年阳月修建的石件）、"安济王庙"庙匾及下方托匾的两只小石狮交由张宝兴用板车拉回庙中，被砌回西畔北花巷门额和宫门额。

　　由于某些不确定因素，香港和潮州两个筹委会早已协商好，在古庙主体建成，有简单的内装饰后就先来个"老爷入宫为安"。装饰配套、广场善后再行安排。因此，在紧张有序的主体重建的同时，庆典活动筹备也在紧锣密鼓地进行。安济圣王和二位夫人的圣袍是开光庆典重中之重。潮绣厂厂长黄积河带领工人耗用 5 万元的金线布料，历时一个月，夜以继日地手工缝制，保质保量地完成了任务。他们将工程款全部捐出，为此张得海在安济圣王升殿庆典后送去一车柑橘（寓意大吉）表示谢意。

　　庙内的四盏宫灯，分别由庄静庵、李嘉诚、黄旭彬（黄志鹏的父亲）和陈夫人认捐。

　　1994 年 12 月 9 日（农历甲戌年十一月初七）"青龙古庙修复暨安济圣王神像升殿开光庆典"在新落成的古庙广场（时为裸土地埕）举行，庆典由张得海先生主持，黄志鹏先生主礼。参加庆典的海内外团体有由会长郑持章带领的香港潮安同乡会 24 人庆贺团，马来西亚侨领陈国谦带领的马来西

048

亚安济圣王庙朝圣团，泰国侨领谢慧如先生的特派代表（并转达谢先生对古庙续建工程继续捐款的意愿）以及各界人士、善信、市民共5万余人，香烟袅袅，盛况空前。

寅时升殿仪式开始，首先是"走皇鞭"，一时间，火光炫眼，万炮齐鸣。皇鞭由火药厂厂长陈龙镇喜敬。接着是开光仪式，张得海先生亲口念了"心经"求佑，6班锣鼓齐鸣，群情雀跃。再接着是隆重庄严的拜谒仪式，黄志鹏先生带领5万信众虔诚膜拜，只见100多对香柴炉齐齐点燃，郁香缥缈，盛况空前。膜拜的信众人山人海，在庙前找不到位置的只得在庙远处的溪沙坝堆起沙堆插香遥拜。一直延至接近沙洲的溪边，但秩序井然，气氛祥和。当天早上，国家一级演员、广东潮剧院的姚璇秋、方展荣闻讯前来义演，使庆典活动高潮迭起。

升殿仪式前，新塑的安济圣王和二位夫人的神像暂时停放在太平路华达大厦（图2-21），入宫队伍按昔时巡游规制排列，从"南门古"一直延续至"下市头"，蔚为壮观。然后向重建的青龙古庙徐徐行进，一路上，百姓内三层外三层地夹道欢呼，热闹非常。

图2-21　入宫前信众在华达大厦安济圣王神像前合影（徐壮辉提供）

1994 年 12 月 31 日，泰国《京华中原联合日报》辟了一个专版（图2-22），刊登了该报记者陈振泰专访："循振兴文化古城政策、潮州市青龙古庙重建，安济圣王香火显赫保佑黎庶、海内外乡亲皆为此盛事欢欣。"图片有"安奉于青龙古庙正殿的安济圣王暨两位夫人圣像"和"善信们膜拜安济圣王"以及"安济圣王"青龙古庙的简介等。黄志鹏、张得海先生二位重建功臣的大幅相片位居专版中央。

图 2-22　泰国《京华中原联合日报》专版

按照规划，建成庆典是在首期的首段完工后举行。所以庆典结束后，古庙的修复仍在"进行时"，在一切力求到位，充分表现潮州工艺美术精粹的原则下，用 45 天就完成土建的古庙主体，却花了整整 2 年的时间进行续建、装饰、修葺。并按照堤防要求，在青龙庙临江处增筑了一道长 200 米的大石墙。

首期工程全部完成后，1996 年 12 月，由香港潮安同乡会在古庙立了石刻《重建潮郡青龙古庙记》（图 2-23）。当天，香港潮安同乡会又派出一个代表团到青龙古庙履行了一个简单的朝圣庆贺仪式，宣读香港潮安同乡会敬立的《重建潮郡青龙古庙记》全文。

至此，古庙重建首期首工程、圣王重光大礼业已大功告成。

图 2-23 《重建潮郡青龙古庙记》

四、接棒与完善

古庙重建虽然取得了历史性的成功，但出于某些原因，重光大礼后庙事活动却处于历史上的又一个低潮。郡南众乡亲为使香火不致中断，自发地与黄志鹏先生联系，2001 年 8 月 15 日，郡南理事会延续了青龙庙的管理，使古庙的建设不间断地处于"进行时"，铺宫埕，内装饰，装瓷版画（蔡儒添先生赠建）。在郡南众乡亲的支持下，重塑安济圣王像（入宫像因某些原因不能续用），修复三仙师殿、大圣人爷、二圣人爷、花公花妈、福德老爷的神像神台，重置庙埕大石狮，建停车场、假山景观池、六角亭等，至 2004 年已完成。

根据广东省原省长卢瑞华视察青龙古庙时的嘱咐，研究会对青龙古庙进行全面整修。改造宫埕，新建独立拜亭、天公亭、办公室、六八角亭，拓宽文化广场（图 2-24），改造古庙出入步梯等。

图 2-24 青龙庙假山景观池、六角亭（杏夫摄）

第五节 青龙庙的管理

有关青龙庙管理最早的文字记载，就已有的资料当是顺治《潮州府志》："贺瞻度（镇江府丹阳县人）云：蛇神，其像冠冕，……人欲见之，庙祝必致辞而后出……"而据知情者的回忆讲述，也只能追溯至清末时期，因此，青龙庙的管理，只能从清时期谈起。

一、清时期

黄挺教授在《潮汕游神赛会的传统及其在海外的传播》一文中说："府城的大老爷，从双忠公转变青龙爷，跟咸丰五年（1855）吴中恕攻打府城时，潮城保安局的组织很有关系。府城安济王出游，先是由保安局，民国后又改由商会组织。这种变化，反映出清代晚期开始，官府权力旁落到士绅手里，继而又为商绅所攫取。"加上顺治《潮州府志》的记述，可见清时期青龙庙的管理是保安团和庙祝（治宫）负责的。

二、民国时期

根据老一辈人的回忆和相关资料记载，这一时期青龙庙的管理主要是由郡南众乡亲和商会不定期交替负责，由商会负责的年份有资料可以证明的有：

1929 年，青龙庙归潮安县商会管理（时由商会副会长、南成碗行经理林筑圃担当）。

1931 年，青龙庙归潮安县商会管理（时由商会会长、德裕布行老板蔡达仁负责）。

1932 年，青龙庙归潮安县商会管理（时任商会会长为茂生糖行财东张希周，副会长为德和成盐运行老板程钧臣）。

其余是否还有商会管理的年份尚未确切。除商会管理外，其余年份均为郡南众乡亲负责管理。但不论是商会，还是郡南众乡亲管理，青龙庙都常设有专业治宫人员。

三、新中国成立后

1950—1966 年，青龙庙由郡南众乡亲管理。

1967—1971 年，青龙庙的公开管理出现空档，但还有群众自发料理庙务。1968 年初，马来西亚潮人郭明畅夫人与王若川夫人回潮郡青龙庙拜请安济圣王香火与圣王、大夫人、二夫人金身圣像回槟城，创建安济圣王殿，就说明了这一点。

1972—1980 年，第一届青龙古庙理事会成立，由谢顺炎、谢锡泉、郑潮辉等九人组成，全面管理青龙庙事务。

1981—1986 年初，第二届青龙古庙理事会成立，由谢顺炎、谢锡泉、郑潮辉等十余人组成，全面管理青龙庙事务。

1987—1993 年初，第三届青龙古庙理事会成立并全面管理青龙庙事务，由谢锡泉、黄明如、吴雪忠等 10 多人组成。

1993 年初，青龙古庙筹建委员会成立，主任黄志鹏，副主任张得海同时接管郡南理事会。但郡南理事会仍延续履行祭拜、夜间游神的职能，而对内管理、对外事务及重建的工作则由筹建委员会负责。

1996 年成立青龙古庙管理委员会（图 2-25），主任黄志鹏，副主任张得海，并承接了青龙古庙筹建委员会的一切事务。郡南理事会工作不变。

图 2-25　潮州青龙古庙管理委员会牌匾

2001 年 8 月 15 日，黄志鹏将青龙古庙管理委员会管理权交给郡南理事会，第四届郡南理事会成立，由林逢阳、吴雪忠、张秋光 3 人加上郡南五庙（古观音堂上帝爷庙、真君宫、九龙宫、关帝庙、青龙古庙）各 2 人，共 13 人组成。理事人数最多时达 31 人，常务理事张宝兴，顾问郑达明，理事有黄明如、陈锡林、罗鹏礼、周兴标、魏洁仁、杨少南、郑焕平等，对外仍延续使用青龙古庙管理委员会名称。

2011 年 4 月 28 日，经湘桥区民政局批准设立社会团体法人单位"潮州王伉传统文化研究会"（图 2-26），湘桥区旅游局为主管部门。法人代表林永青（2012 年 4 月兼任会长），会长吴雪忠（2012 年 4 月改为常务副会长），副会长林声荣、杨少南、郑素珍、谢河生、谢礼贤，秘书长林声荣（兼）。

研究会成立后，全面接管了青龙古庙管理委员会及郡南理事会一切事务。

图 2-26　青龙古庙潮州王伉传统文化研究会牌匾

第三章　青龙庙会

第一节　青龙庙会史述

青龙庙会是青龙庙发展的必然产物，体现了潮人敢于创新的精神，是从庙内供祭祀向兼设掷玟择吉举办庙会游神的飞跃，并且逐步发展成为潮州府城最热闹的游神和狂欢节。下面就按各个历史时期分述。

一、清时期

这个时期主要为庙会创立与发展的阶段，庙会起于何时，有关的口述和文字记载都没有一个准确的断定，多年来潮学研究者比较集中的看法是依据清林大川《韩江记·青龙王寿诞》载："一岁三月，安济王寿诞，黄家祠迎神，演戏祝寿。箱已上台，被道署吊去，及开箱演戏，满箱蜿蜒皆青龙也。复开复然，箱箱皆是。观察立出行香送回薛厝巷。一岁，学院临潮岁考，场后出拜客，恰遇神游，人请避道，学院自恃钦命，便出不逊之言，语方脱口，而清道旗二面无火自焚，顿生畏惕，而改道焉。"我们不妨就根据这一节叙述来解读。

林大川文中有几个关键词："薛厝巷""黄家祠""演戏"。薛厝巷是安济圣王巡游安路牌明确必到之处，薛厝巷的黄家祠是潮州一府九县的黄氏大宗祠。安济圣王巡游时，在黄家祠设神前，并在神前为老爷"演戏"，那是情理中之事，而从文中也可窥见此时庙会巡游已臻完善，规制也较齐备。

而能够论证青龙庙会始于清乾隆年间的关键词，还是"学院临潮岁考"六个字，清乾隆三十六年（1771）广东学政翁方纲（进士，官至内阁学士）到潮州督学，适遇潮州考期，便临场督考，考后出外拜访好友时正逢安济王出游，差役请示避道让神轿通过，翁方纲自恃钦命，不肯避道，还要圣王让路，话尚未讲完，只见清道旗二面无火自焚，吓得他面如土色，顿生敬畏之

心而改道让神驾先过。这与民间流传的翁方纲到潮州督学并三次赋诗勉励西湖士子的事实 [1] 以及翁方纲到潮州督考并为景韩亭白鹦鹉赋石刻作释文的时间是相符的。

而清康熙《潮州府志·风俗》只载"潮人祷于庙者"，而未见有游青龙王的记载，该版《寺观》中也未有青龙古庙之记载。乾隆《潮州府志·风俗》也未提及安济圣王出游，而只有天后诞日天后的巡游等。故据此可以比较明确推断，青龙庙会应创办于1771年或之前的几年。

青龙庙会自创办后，由于得不到官方的确认，一直是民间的活动，虽然规模越来越大，巡游也已达成熟程度，但总少了官方庙宇巡游的威风，要到庙会创办后的120多年后方获得官方承认。光绪《海阳县志·建置略四》载："光绪二十二年复修，每岁春秋二仲月及诞日由官致祭，支祭品银每次五两六钱，在开元寺租项下动支。"青龙庙祭祀列为春秋官祭，于是其庙会不单有衙门设神前，且巡游队伍都在衙门前经过（称上府），接受各级官员的迎奉。所以清代《海阳县志》又有"正月青龙庙安济王会，自元旦后三日，掷珓择吉。郡城各社，即命工人用楮帛 [2] 绘彩，制为古今人物，如俳优状，而翭以木石、花卉，名曰花灯，每社若干屏。届时奉所塑神像出游，箫鼓喧阗，仪卫煊赫，大小衙门及街巷，各召梨园奏乐迎神，其花灯则各烧烛随神驭夜游，灿若繁星。凡三夜，四远云集，靡费以千万计"的叙述。这段叙述把青龙庙会的盛况作了精彩而扼要的介绍，从掷珓择吉到迎神之前各社积极而有序的准备工作，游神时的威武热闹场景和官民人等的迎拜，庙会期间，四方宾客云集，费用数量等一一有所交代。

可以说，清后期是青龙庙会历史发展的高峰。庙会制度规范，配套齐全，规模宏大，影响广泛，这与潮州府的地理位置重要，辖区幅员广大，潮州水运发达、商贾汇集，文化底蕴深厚，给庙会的发展提供了必不可少的有利条件是息息相关的。难怪人们给青龙庙会一个雅称"重元宵"，意谓堪与元宵节媲美，而且是元宵节的延续。而实际上，青龙庙会之于元宵节是青出于蓝而胜于蓝，人们看重的还是庙会。

青龙庙即使有了"官祭"的地位，仍然处于劣势。如昔时农历三月有十三个官祭日，青龙庙虽然信众最多，香火最旺，仍排在天后（诞）、玄天

①　黄赞发：《谆谆告诫，语重心长——一读翁方纲〈叠韵再示潮州学宫弟子〉》，《潮汕先民与先贤》（增订版），汕头：汕头大学出版社，2000年，第272—274页。

②　楮帛，祭祀用品，指纸钱锡箔等焚化物。

上帝之后。但对待庙会的态度，官府似乎又是一番姿态，大小衙门，包括道台衙门，镇台衙门、府街、县衙各级政府机构都向圣王跪拜或设神前祭拜。这可能和青龙庙会这个时段与官办庙宇活动时间没有冲突的因素有关。

二、民国时期

民国时期，经历了推翻帝制后的长期军阀割据、日伪时期等众多战火煎熬，政坛频更的苦楚，青龙庙难免受其影响，但庙会和游神在兵荒马乱之间还是没有中断过。推翻了帝制，但很快袁世凯又复辟帝制，而潮州重要的战略地位，吸引了包括孙中山、蒋介石、朱德、周恩来、邓小平等军政要人的纷至沓来，孙中山还在潮州开元寺演讲《护法的意义》，而潮州时而属于广州政府，时而属于北京政府，政治风云变幻，但军政要人似乎都看透了青龙庙和青龙庙会的潜在价值，在"大老爷"身上大做文章。

民国十年（1921）3月7日（农历正月二十八日）庙会，安济圣王出游，洪兆麟（时任潮梅善后处处长）派出军队为安济圣王护驾并将其一百名妻妾扮成古装"百美图"骑马作"活灯"，参加游神队伍。这是妇女首次也是那时期最后一次参加圣驾巡游，打破了潮人由"童伶（男童）扮女角"、女人不能演戏的陈规，甚为轰动。而1个月后任陆军总长、内务总长的广东省省长、粤军总司令和国民党广东支部部长的陈炯明此时也从广州回来参加庙会巡游活动，这是青龙庙会历史上参加庙会活动头衔最大的官员。

民国十二年（1923）2月29日（农历正月二十日），陈炯明又借口参观安济圣王出游回到潮州大肆卖官，强征神庙坟墓税捐共七百多万，青龙古庙在此税捐中特许优待免捐，实是慑于安济圣王之神威，又利用其神威饱其私囊。

民国十四年（1925）东征军收复潮州，由何立钦进驻，刘侯武任潮安县县长。有人举报青龙古庙曾暗助陈炯明和洪兆麟，应查庙禁游，但陈认为，对人民想做的事，做官的不能阻挡。1926年3月13日（农历正月二十九日），安济圣王出游，县政府既没有阻挡，也无抽捐，只是九年来首次少了军队护驾（以前实是陈炯明作秀）罢了。据称，刘侯武任潮安县县长仅七个月，但民众口碑很好。

民国十七年（1928），全国神权大衰，毁庙禁卜成风。但由于时任潮安县县长李笠依既是本地人又懂得潮人规矩，故1928年2月19日（农历正月二十八日）圣王巡游无误。

民国十八年至十九年（1929—1930），时任潮安县县长阮淑清利用国民政府"破除迷信，废除一切淫庙"的命令，禁止庚午年正月二十七日的游神后，玩弄"寓禁于征"手法，准青龙庙游神并引发了贼讪古庙等一系列事件。

民国二十年（1931）3月17日（农历正月二十九日）的游神，信众重刻"大老爷"新像，"新王旧袍"依旧供奉、照旧出游，新圣王像是第一次，也是仅有的一次出游，却是那几年游神中最隆重的一年。

民国二十一年（1932）初，西南政务委员会和军事委员会成立，撤销原广州国民政府，在广东省内实行分区绥靖，广东进入"陈济棠时代"。在潮州设立东区绥靖委员公署，兼管军事及行政事务，以第三军军长李扬敬为委员。陈济棠和李扬敬一样都是信神佛的，李扬敬上任后便贴出保护青龙古庙和开元寺的布告，这是现已发现的民国时期唯一保护青龙古庙的官方布告。这一年3月2日（农历正月二十六日）游安济圣王，但也照例由县政府收捐五千银圆，用于安黄公路建设。由于圣王落难重返，故游神盛况空前。陈济棠应李扬敬之邀，从广州到潮州来参加活动，还在县政府门口设"神前"，身着长衫马挂，头戴"橄榄尘帽"朝拜圣王。

民国二十二年（1933）1月29日（农历正月初四日）掷珓择吉，定于2月24日（农历二月初一日）游神，照样纳捐五千银圆以供安黄公路建设。陈济棠时任西南国防委员会委员、广东第一集团军总司令，本要到潮州来参加游安济圣王活动的，但因事务缠身，3月2日才从广州出发，一路虽险遭暗刺，但仍择机于10日到青龙古庙拜神，以弥神游缺席之憾。

民国二十三年（1934）2月17日（农历正月初四日）掷珓，定于3月13日（农历正月二十八日）游安济圣王，由于陈济棠大讲复古读经，神权跟着抬头。但安黄公路通车了，仍须向县政府纳"捐"五千银圆。这一年游神又分外热闹。此时潮州马围飞机场已建好，据说陈济棠要乘飞机来朝拜，后因飞机质量问题而取消。

民国二十四年（1935）3月4日（农历正月二十九日）游神，县政府照样收捐五千银圆，民众虽给陈济棠上书要求豁免捐款，但因政局不稳无人管事，免捐之事不了了之。

为什么民国的官员们都祭祀安济圣王，参加游神？实际上是为标榜有神灵相佐，受命于天，突出治权的合法性，威慑政敌一方。

民国二十五年（1936），"陈济棠时代"结束，广东还政中央。这一年

的庙会游神是在币制改革，"龙银换纸票"导致政治波动和金融恶化的背景下举行的。毕竟是要求"大老爷保佑"，游神照样隆重，只不过少了奢华的场景，海外潮团参加庙会的记录，包括越南、暹罗（泰国）、新加坡、马来西亚等。本年安济圣王游神"安路"已改称"路引"。

民国初年，曲折地延续了清末青龙庙会的盛况，是青龙庙会史上最好的时期之一，故城内老人在回忆童年生活时都异口同声"营大老爷尚'闹热'"。

20 世纪 30 年代后期，中国沦陷了。潮州从 1939—1945 年被日伪统治，虽未禁神游，却因十室九空、民不聊生而致游神冷冷清清。

抗战胜利后，逃亡在外的城内人逐渐返乡，加上休养生息，潮州的经济逐步好转，1946 年的巡游已略见生气，而最热闹的当数 1947 年。但到了 1948 年，经济萧条，情况就逆转直下。1949 年战事临近，货币贬值，"营老爷"的盛况不复再现。

三、新中国成立后

青龙庙会于 1950 年照样举行（图 3-1）。1950 年 11 月 28 日，因为已经镇压了"十三组"（潮州地痞行帮），锣鼓班相继解散。1951 年庙会巡游停止，但人们几十年间一直坚持小规模的"半夜巡游"（图 3-2）。1966 年 4 月的扩建南堤及紧接着的"文化大革命"，夜间圣王画像巡游也只剩下象征性的"点到为止"。

图 3-1　1950 年安济圣王在太平路巡游（魏洁仁提供）

图3-2　2007年正月廿三日午夜安济圣王在南堤顶"半夜巡游"场面

1994年古庙重建，圣王开光的老爷入宫游行，虽不是庙会巡游的安路范围，却是自1950年以来安济圣王首次出现在大街上；虽没有昔日巡游的路线，但规模却很宏大，并引发了潮州民众对昔日"营老爷"的回忆和对复办庙会的期待。

仅是老爷入宫游行，就牵动了海外潮人的心。1994年12月31日，泰国《京华中原联合日报》辟专版介绍安济圣王和青龙古庙的历史和重建古庙的功勋。但圣王入宫游行，在当时的气候下还未被许可。古庙是重建了，圣王也重光了，恢复庙会却再也没有人提出，到了圣王巡游的日子，依然仅在夜间偷偷游神像。

下面重点谈青龙庙会复兴这个主题。

（一）"新山引石""潮州采风"，引发重兴庙会热议

2008年2月8日潮州电视台开播马来西亚探亲行之新山柔佛古庙游神（图3-3）的连续报道，勾起了蕴藏在潮属民众心中的"庙会情"，这种热情是庙会复办的原动力。人们用各种形式，如街头议论，公园、江滨之晨语、晚话等表达对庙会重兴的期待。由于当时的舆论环境限制，这些有益的谈论，却不能上政府媒体。而此前及当时港澳政协代表在参加市区政协会议多有恢复庙会的建议，也同样没有被政府所重视，诚如电视节目结语所言："对于游神……一味的禁止或限制……"这些代表广大民众心声的诉求被淹没，但实际上青龙庙会的正式重兴在这时已成为市民议论的一个热门话题。

图 3-3　新山柔佛古庙游神的场面

2008 年 3 月，林永青在区政协会议提交了"举行潮州民俗文化节暨青龙古庙庙会"的提案，区政协因此组团赴南海神庙、玄武山元山寺考察调研。

2010 年青龙庙会期间，广东省社科院有关研究员偕广东卫视摄制组到潮州调研和采集民俗文化，制作了"潮汕游神"的专题片在"文化珠江"频道播放，其中详细介绍了潮州青龙庙会的盛况（图 3-4）。这是省级主流媒体对青龙庙会的首次正面报道，引起了潮城民众的广泛热议。

2010 年 3 月，潮州电视台台长李伟雄和编导黄晓前往新山考察游神的嘉年华会。回到潮州后，电视台组织了一场有各界人士参加的新山游神座谈会，筹拍并于 2011 年 2 月 6 日（农历正月初四日）开播了政论型电视系列片《人神共狂欢的嘉年华——新山游神启示录》。为潮州举办以游神民俗为主题的大型节庆活动制造舆论氛围。电视节目造成的声势，引动了从老百姓、文化人士到政府官员对潮州游神的深入思考。从新闻媒体到街谈巷议，游神成为一个焦点话题。

2010 年 5 月 7 日，《潮州日报》刊登詹昭重观点鲜明的理论文章，认为"举办青龙庙会暨安济圣王巡游活动意义重大，顺乎民心，利于大众"，呼吁"尽快复办青龙庙会"。

"潮州安济圣王庙民俗文化研究会"开始筹办，筹办成员林声荣发表了以"挖掘安济圣王巡游庙会民俗活动文化价值"为题的文章。

潮汕文化丛书

第三章　青龙庙会

图 3-4 广东卫视摄制组林生雷到潮州采集民俗文化制作"潮汕游神"的专题片

2010 年 6 月 31 日，潮州市政协副主席詹昭重在市各民主党派负责人座谈会上，作"增强硬实力，提升软实力，适用巧实力，激活潮州文化，使潮州旺起来"的发言。

2011 年 1 月 19 日，《潮州日报》刊登了笔者《潮漳崇神文化比较》一文，该文试图借鉴漳州威惠庙的经验，复兴潮州青龙庙会。

2011 年 2 月 22 日，詹昭重在潮州市政协十届五次会议上又作了"尽快复办青龙庙会，弘扬潮州民俗文化"的发言。

黄挺教授在《潮州文化研究》2012 年第 1 期发表了《潮汕游神赛会的传统及其在海外的传播》，期待游神百年回潮。

在 2012 年 3 月 3 日的潮州市人大十四届一次会议上，林永青代表向大会提交了关于举办（青龙古庙）庙会民俗文化节的建议。

（二）卢瑞华省长赠予墨宝，"文物""非遗"二榜题名

2010 年初，广东省原省长卢瑞华为青龙古庙题赠了"安民济世为官崇善名千古，扶桑扬德还里思敬达当今"的墨宝。4 月亲临青龙古庙视察并做了指示：青龙庙会是文化遗产，不是封建迷信，要保护和传承发展，为建设和谐社会、幸福潮州作出贡献；拜亭要整改，才会日月增辉。卢瑞华的赠联和视察，给广大信众和研究会筹备组增添了精神力量，也对此后的申请非物

质文化遗产、文物保护单位，研究会注册，争取复办青龙庙会奠定了坚实的基础。

2011 年 1 月 9 日，潮州市人民政府公布安济王庙为市文物保护单位。

2011 年 6 月 11 日，潮州市人民政府将"潮州青龙庙会"列入市非物质文化遗产项目。

2012 年 2 月 21 日，广东省人民政府将"潮州青龙庙会"列入省非物质文化遗产名录。

（三）几经挫折成立研究会，名正言顺办庙事活动

新中国成立后，青龙古庙一直由郡南众理事或其理事会管理，后来成立了青龙古庙管理委员会，但都是自发的民间管理机构，未经政府注册，"名不正言不顺"，庙事活动不能走在阳光下，"营老爷"更是被视为非法活动。古庙是海内外潮属民众向往的圣地，规范化的制度管理必不可缺。为了"正名"，几代青龙庙人做了许多动人的艰难工作。

2009 年初，经信众之贤达者提议成立了研究会筹备组，开始试图注册，但有关部门一听说是青龙古庙的，都不敢接受。2009 年，注册工作又启动了。谁来当古庙的"挂靠单位"？后来辗转找到湘桥区旅游局，才顺利"挂靠"上了。局长黄炎藩 2004 年到任后，就设想以青龙庙会为平台，打造潮州的传统文化狂欢节，以此带动湘桥区的旅游乃至潮州经济的发展。两者想法不谋而合，一拍即成。

从拍板作为青龙古庙注册、挂靠主管部门的那时起，黄炎藩局长就一直与研究会筹备组的成员研究注册方案，直到注册成功和筹备举行庆典。其间，湘桥区政府主要领导认为青龙古庙是文化遗产，应该发扬，便指示区旅游局整理各地民俗文化活动情况进行研究，并指示有关部门予以办理注册手续。

用什么名义注册？那时民政部门认为"青龙古庙"封建色彩太浓，"安济圣王"也不行，正在一筹莫展时，大家想到了用王伉的名字。注册机关、主管单位和筹委会一致认可并获得通过。潮州王伉（青龙古庙）传统文化研究会（以下简称"研究会"）（图 3-5）终于于 2011 年 4 月 19 日获得应有"身份证"，得以正名。2011 年 4 月 28 日，经湘桥区民政局批准同意，"湘桥区潮州王伉传统文化研究会"依法登记设立，湘乔区旅游局为主管部门。

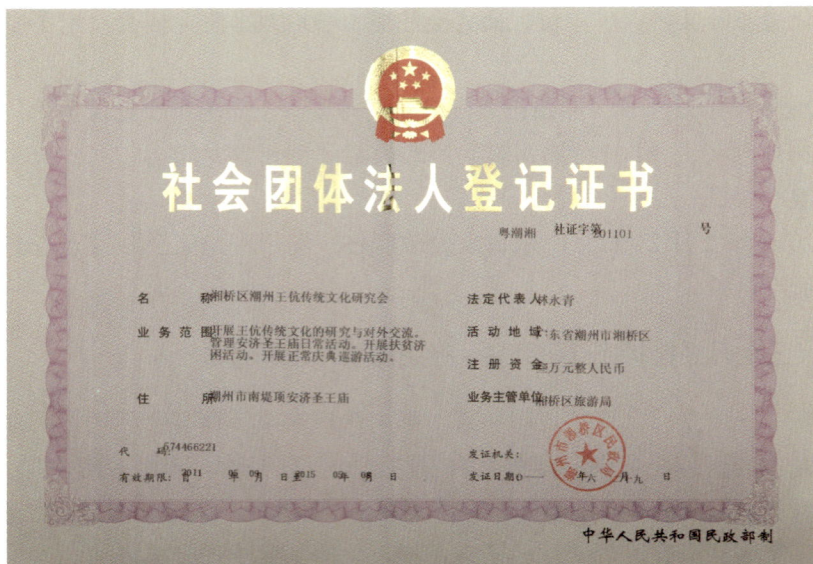

图 3-5 "湘桥区王伉传统文化研究会"社会团体法人登记证书

研究会为社会团体法人单位，其宗旨是：开展王伉传统文化的研究与对外交流，管理青龙古庙日常事务，开展扶贫济困活动，开展正常庆典巡游活动。

研究会成立后，全面接管了原青龙庙一切事务，建章立制，规范管理。青龙庙终于历史性地从民间管理转变为"民非社团"式管理。

研究会成立庆典于 2011 年 11 月 5 日在青龙古庙前广场举行，海内外嘉宾、各界人士共 300 多人出席了庆典大会（图 3-6）。大会得到了海内外潮人的积极响应和大力支持，收到了大量的贺电贺信，当中有新加坡安济圣王庙、马来西亚安济王殿、泰国潮安同乡会、香港潮安同乡会及广东省政协常委陈书燕等，汕头市人民政府原常务副市长彭启安、广东省社科院研究员雷铎送了贺联。

沈任河、彭启安、许实德、陈耿之、林永青等一起为研究会成立推动吉祥杆。湘桥区旅游局局长黄炎藩、研究会会长吴雪忠为研究会成立揭牌。研究会法人代表林永青致欢迎词，会长吴雪忠宣布荣誉会长、荣誉顾问、香港联系代表、研究员名单并举行受聘仪式。香港潮安同乡会会长沈任河、潮州市委原书记（汕头市原常务副市长）彭启安等分别在大会上作了讲话，彭启安先生正气凛然、鼓舞人心的讲话被掌声打断了十多次。

图 3-6 研究会成立庆典大会场面

（四）省府文史馆古庙调研，"恢复青龙庙会"报告获批

2012 年 6 月 10 日和 11 日，由广东省政府参事室主任、省政府文史研究馆馆长周羲带领的调研组到湘桥区开展民俗文化专题调研活动（图3-7），指导湘桥区做好传统文化的保护和传承工作。

图 3-7 广东省政府参事室主任、省政府文史研究馆调研组到湘桥区调研

调研组一行参观了青龙古庙、开元寺、湘子桥、饶宗颐学术馆，并分别与研究会人员、湘桥区领导进行座谈交流，观看《潮州民俗文化与青龙庙会》等影像资料，深入了解"潮州青龙庙会"等民俗活动的历史渊源和湘桥区对传统文化的保护、发掘、传承的工作情况。认为潮州文化博大精深，"青龙庙会"寄托着人们祈求国泰民安、风调雨顺、社会和谐的美好愿望，研究王伉文化等民俗文化，应该将其放到潮州文化的大背景中，结合在一起进行考证，挖掘出富有"潮味"的文化内涵。

调研组建议把"青龙庙会"办成常态化、产业化的民俗文化活动。他们指出，必须选准定位，把文史资料进行梳理升华，突出文化引领作用，扩大宣传影响，提升"庙会"文化的知名度，把它搭建成海内外潮人文化交流的平台。周羲等专家建议，要集省、市、区各级政府、民间社会组织、专家等方面的力量，充分利用潮州传统节庆活动，打好文化名城牌、侨心牌、旅游牌，融合潮州音乐、潮州锣鼓、刺绣、木雕、茶文化等潮州文化元素，推动"青龙庙会"等民俗活动融入潮州文化旅游业，办成文化产业，这样"青龙庙会"才能升华为潮州、广东民俗文化活动品牌，才能走向全国、走出海外，促进文化和经济的融合。广东省政府参事室、省政府文史研究馆于2012年7月20日向省政府作了"关于以首届潮州民俗文化节为平台恢复潮州青龙庙会的建议"的报告，这个报告很快得到了雷于蓝副省长的批复。

（五）海内海外广结善缘，重兴古庙夯实基础

1. 联系港澳海外

青龙古庙是天下潮人眷恋家乡的重要载体之一，与海内外的联系至关重要。古庙长期与香港潮安同乡会有正常顺畅的联络员制度；从2003年新加坡安济圣王庙的蔡国华先生来潮寻根开始，就联系频繁；黄挺教授、李炳炎先生搭桥，与马来西亚新山柔佛古庙和槟城安济王殿有较密切的来往；泰国安济圣王庙通过泰籍潮人进香团通报潮州复办青龙庙会的情况，并与世界潮人总会、广州潮人会、天津潮人商会建立了友好关系。

2012年底，泰国崇圣大学考察团（图3-8）、新加坡国立大学李志贤博士（图3-9）先后访问了青龙古庙。当年，台湾清华大学人类学硕士研究生简嘉慧以"青龙古庙"为题作了硕士毕业论文。

图 3-8 泰国崇圣大学考察团访问青龙古庙

图 3-9 新加坡国立大学李志贤博士访问青龙古庙

2013 年 4 月中旬，研究会一名成员自费赴新加坡、马来西亚采集当地安济王庙资料，带回了新、马安济王庙邀访和新山柔佛古庙与潮州青龙古庙结为友好庙宇的意愿。2013 年 5 月 9—16 日，研究会 16 人组团访问了泰国碧龙宫青龙古庙、新加坡安济王庙、马来西亚新山柔佛古庙（图 3—10）、槟城安济王殿。

图 3—10　潮州王伉（青龙古庙）传统文化研究会访问新山柔佛古庙

图 3—11　2013 年 7 月，新山柔佛古庙代表团访问潮州青龙古庙（纪维雄摄）

至此，研究会与海内外联系的雏形已基本形成。

从 2013 年 6 月后，研究会与新加坡、马来西亚、泰国及中国香港相关庙宇、同乡会来往密切，已成常态（图 3-11）。

2. 永昌寻圣

2012 年 5 月 20 日，研究会一行 24 人前往云南省保山市朝圣武侯祠中供奉的蜀汉时期永昌太守王伉。云南保山市是永昌郡的旧治。太保山武侯祠建于明嘉靖年间，正殿诸葛亮的塑像两侧，右边塑有蜀汉武将永昌太守王伉，左边是云南太守吕凯（图 3-12）。这是研究会寻根的圣地所在。追寻"安济圣王"的历史足迹和传奇故事，续接潮州和古永昌之间的香火和文化联系，成为研究会的一大心愿和任务。

朝圣仪式于壬辰孟夏积闰初一申时（2012 年 5 月 21 日下午 3 时）在保山武侯祠举行。朝圣团向王伉塑像敬献花篮、宣读朝圣文。礼毕后，朝圣团应邀前往太保山麓的易罗池公园会见保山市政协常委旅游局局长温仕红女士。宾主提议：借助这次文化之旅的契机和起点，推动潮州和保山两个城市间的文化经济交流。

图 3-12　太保山武侯祠建正殿诸葛亮、王伉、吕凯塑像

3. 扶危济困

急公好义、服务社会是一份无法估量的精神软实力。扶危济困，历来是青龙古庙管理者的一项硬工程，他们从信众的善款中拨出部分资金对贫困百姓予以救助，为政府分愁分忧。包括郡南众乡亲、郡南理事会、青龙古庙管委会和2011年成立的研究会都把这一活动制度化。每年的中秋、春节两个大节前，在区有关部门的协调下，为困难家庭送大米、食油、棉被等。

4. 重视文化

研究会成立前，黄继澍研究员在曾小明、郑雪侬的协助下，只用4天的时间就编录了3万多字的"王伉文化研究"专辑，这是青龙庙有史以来的第一本论文集。2012年11月，广东省人民政府文史馆主办、岭南文史杂志社出版了《岭南文史》2012年第1期增刊（潮州青龙庙会专辑）。这是第一本以青龙庙为题材的正式出版物。

2013年3月3日至6日（农历正月廿二日至廿五日，正月廿五日为吉日），"祈福潮州·2013潮州青龙庙会"在潮郡青龙庙举行。

2013年5月6日（农历三月廿七日），清代安济圣王香炉从揭阳市揭东县月城镇棉洋乡回归青龙庙。

2014年1月，《潮郡青龙庙》由香港天马有限公司出版。吴绍雄、黄继澍、吴榕青编著，黄挺作序。

2014年2月14日至23日（农历正月十五日至廿四日），潮州青龙庙会举行并首次恢复大巡游。

5. 政府支持

2013年5月12日在潮州广播电视台市长、书记网友见面会上，市委负责人对网友提到青龙庙会的事情进行回应：会按照人民群众的要求，认真研究并与相关方面进行联系，把这件事情办好。

2014年潮州青龙庙会的举行及首次恢复的大巡游，就是政府指导、民间主办、政府职能部门大力支持下得以办成的一个典型范例。

第二节　青龙庙会盛事

青龙庙供奉着安济圣王王伉的神像，圣王灵感异发的传说和灵验，让信众纷至沓来而香火旺盛，其影响遍及潮郡各县。每逢吉日良辰，固然人潮如

涌，平日善男信女来祭拜的也络绎不绝，人们点燃香烛，敬祀礼品，求平安，求添丁发财，求事业发达、姻缘美满，千行百业，各有所求。最大的盛事，莫过于一年一度的青龙庙会，庙会期间人神"近亲"，因其满城欢腾、其乐融融的场景而被称为狂欢节，被喻为"潮州大戏"，用现在的话来说，就是一场"嘉年华"或文化活动电视片的"现场直播"。下面将历史上有关庙会盛事的记录和老一辈人的回忆整合后一一介绍。

一、前奏 [①]

1. 掷珓

圣王出游的日子没有固定，要在正月初四日在神驾前以"掷珓"的形式，让安济圣王"圣允"出游日子（图3-13），然后在宫（庙）门外贴红纸向信众公示。

图3-13　掷珓场面

潮州有一民俗，腊月二十四各家各户的灶神爷，各庙的神仙一起到玉皇大帝那里去作"年度汇报"，故腊月二十四至正月初三日是人间"无神无鬼"的时段，要等正月初四日各路神仙下凡才有神明"上岗"管辖。青龙庙也不例外，农历十二月二十四日封宫门，正月初四日上午辰时开宫门（后有"无奈才给人开宫门"故事详叙）。

---

① 本部分内容参考乐心《潮州往事——杂谈安济圣王游神》。

初四日下午掷珓的时辰到了，首先是鸣炮三声庆贺安济圣王"落马"。传说这时圣王刚从天上"述职"回宫，心情好，灵签验。于是庙祝和乡绅抓住此机会掷珓择个"落马签"，以胜珓作定择。这是自古沿袭下来确定游神日的老办法。

2. 预热

正月十三日，各神前就请来"安济圣王"同身供城内人礼拜，从十三日夜开始连续三个晚上游花灯，称元宵"三夜灯"，虽然此为元宵灯，但由于潮人将圣王巡游三天称为"重元宵"，将其与元宵同等地位并列，实际上却是"游大老爷"比迎"元宵灯"还热闹，故游花灯仅是游老爷的"预热"与预演。

乐心先生的《杂谈安济圣王游神》有这样的记载：府城各处，出现十几座甚至几十座弥陀佛塑像。塑像用红泥堆成，眉眼之处用适当的材料装饰，慈眉善眼，笑容可掬。然后在其身体各处，安置大吴"涂安仔"（即潮安浮洋大吴村的泥塑人像图）。群众用"镭"（铜板）掷击，击破或击倒一个"涂安仔"，最少可得到一个同样的"涂安仔"。随着距离拉开，赏格也愈高。弥陀佛头顶处，为最高标之所在。有人就是特地冲着它来的。一大把"镭"，一个接一个朝弥陀佛头顶掷去，几个过后，就成虽不中亦不远态势。不过，击中的也大多为强弩之末，不起作用。随着观众的欢呼声，终于

图 3-14 大吴"涂安仔"

出现喝彩声。当时的赏格是几包"哥夫勒""黑猫"之类的进口香烟。当然，还有一尊小"涂安仔"。人们认为，掷弥陀佛得到的"涂安仔"，供于神龛、祖龛，能够带来好运气；置于床铺，可让未育者生"兜仔"（男婴）。

3. 筹办

元宵节一过，全城上下都在筹划着青龙庙会盛事。摆神前，大社请戏班、锣鼓班，置设大屏花灯，整条大街凡老爷巡游路经之处都张灯结彩、鲤鱼杂灯、汽灯都已准备妥当。这里谈一下百姓的情况，家中商量办什么礼物祭拜，届时请多少客人，计划提早确定，然后有序进行。

俗话说"输人不愿输阵"，潮州人是"无脸当死父"（没有面子比死了父亲还严重），有钱的当然是摆阔绰，花在"营老爷"的钱不用犹豫；中等收入者统筹安排也应付得了；而穷人虽局促也得有个起码"样相"：邻里之间，你请十个客，我至少请五人；蒸甜粿作祭品，你蒸的一甑八斤重，我也得有三斤一甑，面子上才过得去。

谈到甜粿（北方人称"年糕"），那是拜大老爷少不了的。甜粿是潮州粿品中最难做的，糯米粉与糖的配比、火候的掌握、蒸的时间，分寸极难拿捏，但这是供品中之"要素"，事关祭祀"大老爷"的虔诚和一户人家的自尊，故每户人家都在甜粿上下足功夫。至于宰牲，你有大鹅，我也得有鸡鸭，有的穷人就这样把自己年收入的三分之一用在"拜老爷"身上。

经营商铺的老板，更将其视作一年中洽谈生意的好机会，请来八方的宾客，无形中相当于开一场贸促会。要知道很多店铺一年的生意，可说在这几天已大致谈妥。有的人在此三天三夜做的生意相当于全年的三分之一，而做小生意的也忙个不亦乐乎。

甘草货，现称甘草水果，是潮州小吃中的佼佼者，游神时大人小孩都喜欢，饱腹的来个甘草杨桃消食，肚饿的来个甘草桃子，"嘴湿三分力"。潮州有"十五夜吃腊蔗蛀牙"的俗语，元宵过后甘蔗头尾一样甜，既解渴，又饱腹，而甘蔗衍生出来的民间杂耍就有"劈蔗""匹控"，需求量很大，是小贩的大路货。而摆摊的，挑担的，卖粿条面、无米粿的，拨糖做"糖扣"（麦芽糖）的，其他的还有像风车、花灯，钓旱鱼、掷"葫芦饭"（一种在地上铺张"八卦迷宫图"的博彩小游戏）……各色行当都早早做好应市准备。

有钱的商家请客，上客栈、酒楼。没钱的人家怎么办？只好请客屈尊"将就"——吃大杂烩，睡的，男女分开，一张床头尾相插，睡个四人；再不够，横着睡，但苦了大人和高个子，也只好忍耐。

4. 迎客

乐心先生的文章提到：到汕头海关接来的客人扛着大包小包，一进门，大人笑，小孩跳，"鼎溜（锅铲）"哗啪叫。据说，抗战前，一列火车到站，有的手车夫要跑三次。远客一般要在游神之前亲自到老爷宫参拜，以示虔诚，谢神又祈福。到了游神前一天，到处人满，地增三尺，整个府城"浮"起来了。

游神前两晚由绸布商会为"老爷"更衣。由绸布商会负责的用意是，游神过后整个行业是淡季。每逢游神，一些人会觉得，到时穿着过年的衣服不好意思出门。况且，游神一般是正月二十三四以后的事，气候有春寒料峭、春日迟迟、春雨绵绵之别。有的人一做就是几套，城乡几十万人口，到处都游神，假如有百分之二三的人想做新衣，整个行业就兴旺发达。

5. 先安路

游神前一天，由一老人扛着安路牌敲着锣，按巡游时的路线先走一遍。这边走边敲铜锣的形式就叫"先安路"，实是"踩点"，以免巡游时走错了路或巡游漏过了某个街巷而被信众埋怨。安路时对人家的询问会一一回答，帮人在安路牌上查找。贴红纸处是表示路线更改了。

二、巡游（以 1936 年巡游盛况为例）

1. 头夜灯

游客拥挤。正月二十四日的上午，街头便开始热闹起来，商店生意渐旺。乡村的游客，陆续进城，步行来的，大概是附近的村人；远道来的，一部分从水路搭船，大部分是搭车来的。潮汕铁路的火车，乘客十分拥挤，连货厢上也载着满满的游人。潮汕护堤公路的汽车是从春城楼入城的。因为春城楼接近青龙庙，一部分游客乘着护堤车来城，在南春路的春城楼下车，顺路参观青龙庙的盛会。因此在这种特殊情形之下，该路也就极力增开车次，应付激增的乘客。安黄路、安揭路、安凤路也同样增车，各有一笔好生意。车上挤得满满的，沿途还有上不了车的，可见游人之多，情形之热烈了。

花灯精致。午后，街上越来越热闹，各大商号的门前大多插着迎神的锦标；还有一屏屏的花灯（图 3-15），十分精致。花灯共有数十屏，每屏从几十元到百余元不等，用布帛色纸各物，制成人物、花卉，缀以汽灯，辉煌夺目。未到巡游的时间，花灯先散漫地分列在各商号的店里，每屏花灯配以锦标一枝，内缀"升平行乐"或"欢迎圣驾"之类的字眼。

图 3-15　花灯之一屏 ①

图 3-16　安济圣王真像

城南参神。傍晚，城里到处是人，食店生意极旺，旅店客满，房租加倍，旅客几有向隅之叹。神社的人员，忙得气喘汗流。各样鼓乐人员准备出发……晚饭之后，电灯初明，居民游客等看花灯，各社的锣鼓班、锦标队、花灯、鲤鱼杂灯队开始出发，齐赴南春路堤外参神（图3-16）。于是游人趋集，道路拥挤达数里之长。外地商号之广告队，亦各荷标随游，鼓乐喧天，闹成一片。南门一带，万分紧张，花灯照耀，金光夺目。鲤鱼杂灯，做成飞禽走兽昆虫鳞介之状，构造精工，值得赞叹。汽灯皎洁，光明照人；红字灯笼，为数尤多……

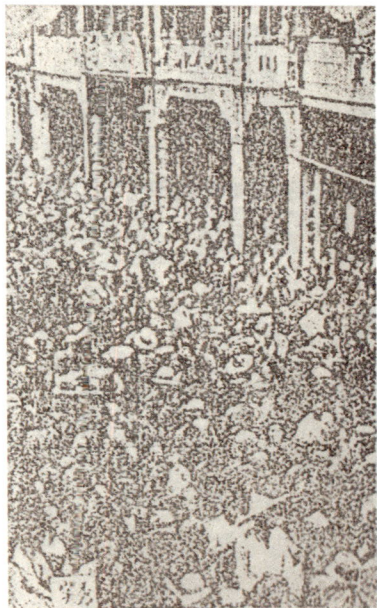

人山人海。街上的游人，熙熙攘攘，真是人山人海（图3-17），满坑满谷。潮汕各县市人士，颇多莅城观光。乐班花灯，纷纷从太平路向南门去。这时太平路、南春路步道、楼上，却堆满看桃红柳绿的女

图 3-17　游神所至人山人海

---

① 本小节图片摘自沈敏《潮安年节风俗谈》。

075

人。摩登女郎，争妍斗艳，油头粉面的公子哥儿，真个饱尝眼福也。在长数里的拥挤人潮中，一屏屏花灯慢慢地经过南门古——太平路与南春路的交接点。每个神社都有锣鼓班、花灯，以及鲤鱼杂灯、锦标、神轿。每社的队伍前后，各有龙头凤尾之纸灯为识别。龙头在队前，凤尾在队后，中间花灯杂灯，五光十色，管弦丝竹，吹鼓震天，浩浩荡荡地到青龙庙去。太平路南段和南春路两处，街道固然拥挤，巷子也挤满了人。一屏屏的花灯由几个人抬着扶着，还有持竿叉在两旁帮忙的。因为巷子小，沿着外堤，小心扶抬，生怕擦坏。这时天色阴沉，颇有下雨的意思。花灯各备着一架雨篷，先是由神社的人员带着随行，以备不虞。到青龙庙后，算是参过了神，转过宫巷，出南春路回城。已参过神的和才来参神的，在南门古碰来碰去，人潮汹涌，频添热闹⋯⋯

燃放烟火。南春路外堤的青龙庙，安济王的神像已换过美丽庄严的龙袍，并且从殿位移到案前，这是准备正日的早晨抬游的。这时游人群集庙前和庙后，非常热闹。庙前江浅水涸，成为一片大沙滩。沙滩上架着烟火，在这里头夜灯便燃放了。

细雨霏霏。当神社参神差不多完毕，将出南春路的时候，天空下着霏霏细雨（图3-18），但由于人行的热闹，所以人们还不觉得有什么不便。后来雨越下越大，污泥满地，贵重的花灯纷纷加盖雨篷，有几屏没带雨篷的，只好任由雨点的摧残。花灯屏里的汽灯，有给雨弄熄的，狼狈不堪。游人撑雨伞的、戴竹笠的，以及神社队里无地可避雨的，还照常在街上拥挤着。一部分怕衣履被弄湿的，只好躲到两旁步道上去；可是两旁的步道却已站满了人，难找到立锥之地⋯⋯

灯满街头。在微雨之下，固然稍煞风景，但未能驱散游乐的群众。游灯和锣鼓队陆续到太平路，按照各社各自的路引，分头游行。

图3-18　天雨绵绵，游人趋避步道

如果到街上穿梭，总可以碰到花灯锣鼓班，假使不是下雨的影响，全城各街巷到处充满着人群。头夜灯因遇些雨，只好提早休息，11点钟以后，游客渐渐地减少了。

花花絮絮。几十屏花灯，大多艺术精工，很有价值。游人品评赞叹，各有看法。此外，商店广告队所制的物品，亦颇有特色。家具店制小旅店一座，店内桌椅妆台，各样具备。时钟店制大钟一座，玻璃纸板合制，内装全副机器，颇为美观。香烟店、绸缎店、药品店，各以纸灯布标，表现营业性质。商号分送路引录，做广告性质之宣传。小童争拾纸张，活跃在路上。雨未停，手车夫生意最佳。旅馆住客亦多，虽未至人满之程度，但房租倍涨，亦属利市！

2. 二夜灯

正月二十五日为第二夜灯，即游神正日之开端。早晨，大雨倾盆。9时左右，天忽放晴。火车、公路车，一（车）厢一（车）厢的乘客，陆陆续续到潮城来。

图3-19　太平路上准备迎神

城中盛况。午前，太阳放光，大家准备痛快地游赏晚上的二夜灯，以偿头夜灯遇雨的遗憾。下午3时以后，天色变样，灰云在天空示威……到了晚上，天空虽微有雨意，但还没有剧烈的变化。花灯乐班，照例出游，各社有各社的路线，不比头夜灯集中在南门。

神游风光。头夜灯在南部，二夜灯在中部，正日即三夜灯近北部，约略可以这样分类。这时一部分灯队因为头夜灯遇雨而放弃的路线，很想在当晚补足，所以南门方向也颇热闹。毕竟这晚游灯的中心是在中部，太平路上最拥挤（图3-19）。又因各社各走自家的路线，赛灯穿街过巷，但见全城的各街各巷，随处充满着灯队和游人。潮剧开演的街道，当灯队乐班经过时，更是人潮汹涌，通行困难。

大煞风景。晚上8时以后，已有稀疏的微雨，大家还不以为意。到了9时左右，雨越来越大，花灯纷纷盖上布篷。这时大雨倾盆，真扫人兴致，游人纷避步道，一部分回寓休息。灯队乐班，也有不能支持之势。步道挤满了人，街心却只有手车来往，光明皎洁的街灯照着街心，映出面线般的密雨的狂射。因其间大雨之故，手车夫生意倍旺。

摸夫人轿。密雨继续下着，看灯的人渐渐散了。一部分有能耐的人，却往青龙庙看神起马。11点钟左右响了起马炮，庙前挤满了看热闹的人，多属年轻力强的。看神起马，最有趣味。子时时分，庙内已挤满人，没有气力的，休想近前。假使不是下雨，还有更多的人来；正是下雨的缘故，一部分附近乡人先后回家了。所以庙前沙滩的游客稍少；但庙内和庙门却仍是拥挤的。一阵阵咆哮声，惊涛骇浪般汹涌，壮汉用力地挤上去。潮俗相传，能够摸得"二夫人"轿的有生男孩儿的喜庆。一些好奇心强的，一些希望添丁的，拼命挤上前，庙前水泄不通，有的给人挤得浮在人丛之上……安济王和两位夫人的神像，在晃动的火把、汹涌的人潮中，终于出庙游街了。

神驾入城。这时雨仍下着，安济王神驾（图3-20）在南门外各街巷游行，前呼后拥，频添闹热。壮丁争拥上前抢着抬轿，能够参加抬神轿被认为是幸运的。爆竹开始响起，连续不断地燃放，全城男女，个个心旌震动着。人们起床特别早，探望神游到了什么地方。正月廿六日黎明，神已游过南门外各街巷，沿南春路过太平路入城。这时，在太平路南部（下市）一带的街巷，纷纷准备迎神。大街小巷，高悬爆竹，更有店内摆设香案，陈列五牲粿品。商店及住户的主人，十分忙乱。店主手持贡香和纸钱，恭敬地候迎神驾。高灯、八宝、路牌、大锣等神物纷纷到来，在鼓乐喧闹中，神像被前呼后拥，终于出现了。于是迎神的忙着燃爆竹，游人挤着看热闹，这已经是上午8点左右了。

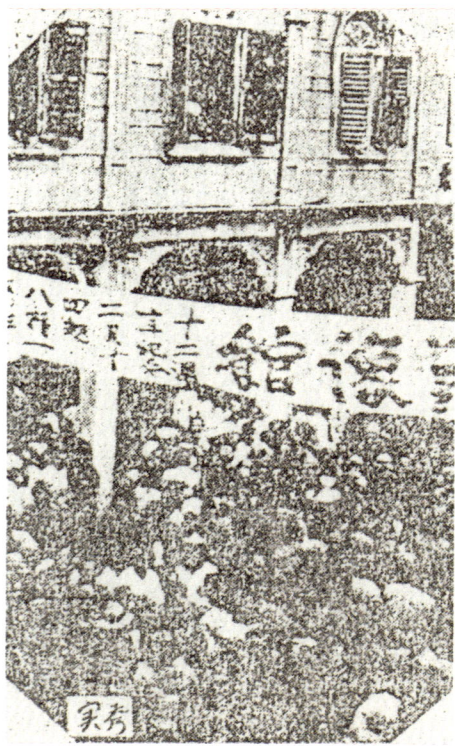

图3-20　神驾将临，万头攒动

3. 三夜灯

正月廿六日早上，雨虽停止，天却无晴意，至少阻遏一部分外来游客的游兴……哪知，9时左右，云端反现露太阳，居然有温暖之日光。因为此日的晴雨是关系神游的风光的，一些迷信鬼神的人们，始终相信安济王会显

灵，他们一看天晴，便说是圣王的显灵。如果雨来了，却又说连日燃放火器，倘无微雨补救，恐怕火屑纷飞，有失火的危险，下雨也是圣王有灵。

炮声震地。城南一带，忙着迎神，爆竹声喧，烟雾弥漫（图3-21）。在前呼后拥长达数里的人潮中，神驾被簇拥着由南向北移动，午时的太平路中段，被挤得水泄不通。安济王的木偶，正在潮城的中部穿街过巷，悬挂着的一串串爆竹，满街满巷。"王鞭""宝盖"安置在各庙门前，爆竹价格每串达到数十甚至上百元，有很多是百余元的，神游过时，燃放欢迎，像火山爆裂，像炮火连天，好汉们冲锋陷阵……大家很兴奋，狂欢的快感涌上游人的心头。

图3-21 爆竹声喧，烟雾弥漫

上府壮观。廿六日午后，天色虽然阴沉，却还没有雨。三天来最热闹的正日，大家都希望能够放晴，这希望果然实现了，雨终于不再来。太平路一带的爆竹，放个不停。一串串几十上百元的爆竹、"王鞭"、"宝盖"，顷刻间化为纸屑与火烟。这么接续不断，整日整夜地燃放，叫外地的游客怎不咋舌？其实哪止如此，晚上的烟火耗费更多呢！在潮城的游神中，主要的景物就是爆竹烟火。花灯、鼓乐，其他演剧和杂项娱乐，不过是普通的点缀。当傍晚神"上府"时（神由义安路抬上县府前，这一段很好看），府前各街道便交通堵塞。但见烟雾弥漫，炮火连天。晚上各神社花灯出游和神游凑热闹。百千灯火，光如白昼，火药玩器，纷纷燃放。灿烂的火花，急速的火箭炮，在空中化为各色火焰，夹杂着巨响的爆竹，美色烈声，令人精神兴奋，乐意忘形……

冲锋陷阵。廿六日夜晚，是三天以来最精彩的阶段。不过日间神游，亦有很好看的地方。三天来的游客，正日最众，人山人海，充满潮城。城内各处街巷，纷悬爆竹之外，还有"宝盖""王鞭"，也是爆竹类的火药物。爆竹每串是很长的，从楼上悬到地面，价格多则数十、上百元（图3-22），少亦十数元。"宝盖"每座数十元，"王鞭"亦值数十元。当神驾来临时，分

别燃放起来，人潮狂涌，爆声震耳，火烟迷目，纸屑像雪片般纷飞，铺满地面。有些酷嗜火味的闲人，随神出游，专嗅此种火药香，弄得满面烟火色，气喘吁吁。当每串爆竹燃放时，他们上前用手争攀着，有的揽在臂边，像抱着爱人伴舞一般跳跃，直至一串将完，挤过他串，如是挨街过巷，冲进火线去。满面的灰黑，正表现他的英勇，据说比涂抹雪花膏更有兴味呢！

城北风光。深夜天仍无雨，游人喜形于色。各商店生意倍旺，食店尤供不应求，店内遍坐顾客，获利颇丰。神像已由城中进至城北，花灯乐队也卖力游行。晚上12时后，各社花灯在箭道（城北）集合，一时箭道一带，美色灯光，灿烂夺目。第三夜游灯，队伍主

图3-22　爆竹每长数丈，价值百余元之多

要在城北，凌晨1时以后，才先后由箭道散回。大约凌晨2时，游灯才告休息。第三夜灯比第二夜灯游得更痛快了。

东门佳景。神在城北游了很久，头股社的乐班却拥着小身的神像另路出游，所过之处，烟火纷纷燃放，俗称"头股社神收烟火"。游人除一部分外都赶赴各处观剧，大部分集中于太平路，等候神出东门（由太平路入东门路）。因为本年爆火器特别多，燃放时道路为之阻塞，神游当然是滞延了。凌晨4时，天有微雨，神始由昌黎路抵太平路，乐班随行。各大商号的"王鞭""盖斗""火砖"等火器，又开始纷纷燃放。东平路还有腾空的烟火，蔚为奇观。神过东门时，乐班更换名手，乐声悠扬，并伴有歌唱。千百汽灯，点缀盛况……

保护爆竹。从昨晨到今早，炮火连天。昨天的日间，燃过爆竹无数，火烟弥漫，到处迷濛，大串爆竹，店伙十多人才能够管顾得过来。至少要一人悬绳牵扯，一人持香点燃，几人保护爆竹，防范给人劫散，此外还须几人搬椅子和带食物（水果之类），阻止神驾通过。长椅横把街心，食物纷送抬神像的壮汉，使道路堵塞，神驾暂停，须至爆竹燃完，始渐放行。当遇阻止

080

时，路人故意狂挤，以及争冲爆竹的，阻止神驾的，狂挤猛扑，活像大海的浪头，如果站得不稳，很有被挤伤的危险……

烟火腾空。潮剧和傀儡戏，昨天各自开演，神驾来时，则扮八仙盛会，以表欢迎之意。红男绿女，满街满巷。神游中最好看的，以"上府""出东门"这两个地方为最，此外随处观看，均有一番盛况。前一晚花灯队锣鼓班，随行出发，万千灯火，照耀辉煌，街道燃放爆竹及"王鞭""宝盖""火砖""火斗""火箭"各物，火花溅射，璀璨夺目。此外还有烟火腾空，有如银龙彩凤，人群更加拥挤，情形更加闹热。早上出东门时的乐声悠扬最为动听，这真算是最精彩的地方呢！

买利市花。小贩持着石榴花，在神驾前零售，妇女纷纷购买，叫作"利市花"，买回家做喜兆的。还有向灯社买花灯烛，可以预卜添丁。商品推销员在神游中叫破喉咙，情亦可怜……当天大家迟起身，睡眼半开，一看就知道是深夜奔劳的。路上的爆竹纸屑，很利肥田，农人持箕争扫，可算是物尽其用。人们谈起当年的花灯，各社统计有几十屏，鲤鱼杂灯百余支，汽灯几百盏。

商业稍佳。此次游神，事前各商店生意较好，人们筹备参加游乐的缘故。游神正日，食店生意尤佳，大雨滂沱，则为鞋店多做生意。游客因污泥沾鞋，另购新鞋代替，各家鞋店，获利殊丰。前晚旅馆客满（头夜灯、二夜灯时旅馆还有几个空房），房租倍涨。至于杂食小摊，亦是生意颇好。附近各乡的游客，多系观剧至天明的。当天，潮汕火车、护堤路车，安揭、安黄、安凤车及各轮船，均极拥挤，获利不少。盖游客游兴既倦，纷纷离城。神游至当天早8时，始告回庙，在爆竹声告终之时，游神的热烈气氛便跟着消逝了。

1936年的安济圣王巡游是在年情不佳的背景下举办的，盛况已见空前，假若逢上好年景，如1932—1934年、1947年，那时的巡游不知该如何热闹煊赫哩。

三、结语

末了，我们想引用下面的一段记述来作为本节的结束语："2013年8月20日，一代国学大师饶宗颐先生的胞弟饶宗亮、侄儿饶春杰前往香港看望他，当谈起青龙庙会时，97岁高龄的他骤然高兴起来，回忆孩童时安济圣王出游的盛景，打开了话匣子：那时，我们饶家有四个钱庄（指潮安、全

益、川灵、永安四钱庄），'营老爷'时，单准备迎圣驾的爆竹就要把弄近一个月的时间。孩童时我们喜欢穿越爆竹阵，耳朵震得发聋，鼻孔熏得发黑，逼得眼泪直流，真有趣！大家都盼着一年一度安济圣王的'巡游'。"

第三节　巡游路引 ①

安济圣王庙位于南春路青龙古庙巷东面堤岸，祀王伉公，每年神游一次，俗称"营大老爷"。

安济圣王圣驾出游，自当晚凌晨起马至翌日的中午前后才回銮升殿，约36个小时。在此期间，潮郡古城鼓乐喧天，鞭炮之声，此起彼伏，通宵达旦，未尝间断，其空前盛况，确实令今人所不能想象。

游神过程井然有序，为潮民所拥护，人人遵纪执行，其"路引"如下：

起马上堤落竹铺头—过南河池边—入校场—过书楼堀—出直街（南春路）—上竹铺头—入横堤仔—入郑厝祠过大宗祠—入新亭巷过郑厝池—出直街—入六房祠、七房祠至春城楼上堤—再过庙前（青龙古庙）—上堤后直至鱼鲜场入海仔—过南门入城内。

入庵巷过郑厝巷出大街（太平路）—入七丛松过第三街—入辜厝巷过涸池—由郑厝巷出大街—入清水宫过石埕林直上王厝堀—由城脚入箭道巷过头亭巷—入辜厝巷—入石牌巷出大街直落古树庙—由东堤（东平路）入砖亭巷—出大街入石狮巷—出东堤入社学巷—由城脚入小石狮巷出东堤—入蔡厝巷出大街直落头亭巷—出东堤入砖亭巷—出大街入家伙巷—由关帝庙过第四街入第三街—过夏厝埕上道衙—由关爷宫前过芒巷—由长山里入甲第巷—出大街入兴宁巷出西街（西平路）—入义井巷出大街—入翁厝巷出东堤钱竿巷—出东下城脚入潘厝巷—出东堤入金聚巷—出大街入灶巷—由西街入池仔内—由后菜园入猷巷出大街—入开元路出西街—由猪仔场入胶柏街—入刘察巷出打银街—出西门街（西马路）—过右营入佘府街内后巷—出大街入下水门街—过东堤入西巷—由东城脚入虎尾巷—入鱼腥巷出东堤—入汤厝巷出永兴街—出东门街入永隆街—出东堤直落老君堂入金聚巷—出大街入翁厝巷—过潘厝巷出城脚—由西巷出东堤直入分司巷—出大街入开元街过新街头—由

① 本节录自刑锡铭《路引》一文。

府前街入黉门亭巷—过九霄亭街出打银街—入刘察巷出西街入铁巷—直入柳衙巷出大街—入载阳巷过府前街—入羊玉巷过东府街—经府前街入宰辅巷—出西街入管巷—过府前街入英聚巷—出大街入分司后巷—出东堤入虎尾巷—由城脚出竹木门街—出大街入铺巷—出府前街入管巷—出西街入经富巷—经曾厝巷至后铺仔—过耷臂巷出旧西门街—入三达尊出岳伯亭入司巷—出西街直上九板桥头出中山路—过望京楼入狗仔头—入薛厝巷出西街—由中山路过青金丛下—由延陵里、五稻里过待诰巷出打银街—入大鱼市巷出西街—入经富巷出打银街—入大江西巷过李爷宫巷—入渔沧巷云爷宫过国王宫地板下—由后铺仔入小鱼市巷—出打银街入国王宫巷—由福聚庙石公婆过真君宫前小江西巷—出打银街入十八曲巷—过佘厝池水关脚—西门街直下佘府街—入府前街上府衙—由东公廨出西公廨—由卓府过公厅巷—出大街入上水门街直落东堤—入图训巷出大街—入考院衙天主教过旗杆巷、状元亭巷出大街—入县衙出文星一路—由西府巷往东府巷出大街—直上镇衙—由金城巷往金山脚入官诰巷出中山路—入涸池巷往金山巷—入杨厝巷仔出北门街—入忠节坊出官诰巷—经中山路入北门街—入青亭巷虔诚里直落许厝泔—入宋厝巷直入方巾巷—出青亭巷入照壁巷—入宋厝巷出北门街右转—直入廖厝围过东府巷—出葡萄巷过九板桥头—入西街过岳伯亭入西府巷—经东府巷出大街—出东门外鸡母堀至下水门外—入内街直落龙虎相锁—由溪边至中栅街—入内街出妈宫前—由溪边至上水门外—至津上转内街入东门街—由下东堤过老君堂—入翁厝巷出大街—由家伙巷上道衙出甲第巷—出大街至南门出城门—由直街入青龙庙巷—圣驾回銮。

第四节　巡游神前

神前，也有称神厂者，尚未有正式定义。但从实际操作层面上看，为某一神明巡游期间某一区域民众集中游神祭拜活动服务的组织及所策划形成的祭坛称为"神前"，这种义务组织现多俗称为神前老爷会、义工组、老人组等。

安济圣王巡游是青龙庙会期间的一大特色，其神前遍布府城，官、民等都有设神前的规例，其历史悠久、影响广泛、组织普及。下面就先谈一谈其历史：

清林大川的《韩江记·青龙王寿诞》载："一岁三月，安济王寿诞，黄家祠迎神，演戏祝寿。"这是青龙庙安济圣王游神设置神前最早的文字记载，因此断为叙述翁方纲莅潮岁考之事即 1771 年，说明神前的设置至今已近 250 余年的历史。

清光绪《海阳县志》有"青龙庙安济圣王会……仪卫煊赫，大小衙门及街巷，各召梨园奏乐迎神。其花灯则各烧烛随神驭夜游，灿若繁星，凡三夜，四远云集，靡费以千万计"的叙述，说明了清时期安济圣王出游时神前的广泛性。而从老一辈潮州人的回忆中也可得知，昔日"营大老爷"，遍布全城各社区的神前，是比规模、比装饰、比贡品、比设备等的竞技场所和特殊的"综艺"赛场。

神前虽然是各社区的祭坛敬神组织，却具开放性，不排斥外人。从最近对"营大老爷"事况的问卷中，有二分之一的神前明确标明信众为小区及湘桥区游人，也有标明是全市。据不完全统计，全市安济圣王巡游期间的神前上规模的多至一百多个，遍布老市区，而新市区住宅区设神前也不少，如粤潮新园（图 3-23）、粤海花园等。

图 3-23　粤潮花园神前（粤潮花园提供）

根据笔者的调查，各类神明神前组织有如下几个特点：

一是自发自愿，多由社区中热心人员发起组织而成。

二是规模不拘，人员可多可少，少的一二人，多的十多人，主持人可随时替换。

三是义务型，成员不领取报酬，组织仅供应游神期间的三餐点心，其他时段的工作均为自费。

四是多具有时效性，只服务于当年游神，游神结束后则解散，亦有数年连任者，但须在当年游神前得到确认。

一、神前组织的职责

设置祭坛：如临时篷帐，雅称銮殿、神台三门四柱及神前戏台的搭建，游神前一天应完工。摆设天公炉、贡桌和神台，以榕树叶等搭建迎神彩门。

主持神事：到青龙庙恭请香灵圣驾（采集香火，图3-24），请圣驾上銮（用采集到的香火到神前设坛）、巡游时的接驾（以红盘盛大钱、元宝、福钱各三副跪拜）、对换香灵，神前善信的接待、指导及庙会期间与祭拜活动有关的事宜。

图3-24　到青龙庙恭请香灵圣驾（采集香火）

购置贡品：甜粿、三牲、荐盒（含饼干、糖果、饼食、豆方），香蕉、梨、橘子，现多有全猪，甚至全羊，鹅（多只），以及香烛、钱财（银纸）、鞭炮等。

公布信息：如"吉日良时"、喜敬芳名录、神前收支明细表（包括添置物品，图3-25）。

确保安全：负责与社区民警、居委会联络交通相关问题，以确保游神安全有序；神前义工有的是小区的业主委员会成员，故平时还有协调邻里关系、小区安全等职责。

组织协调：邀请潮剧票友、戏班或木偶、纸影剧团等；分发贡品，负责清偿当次游神的债务，多为自垫，以及扫尾工作等。

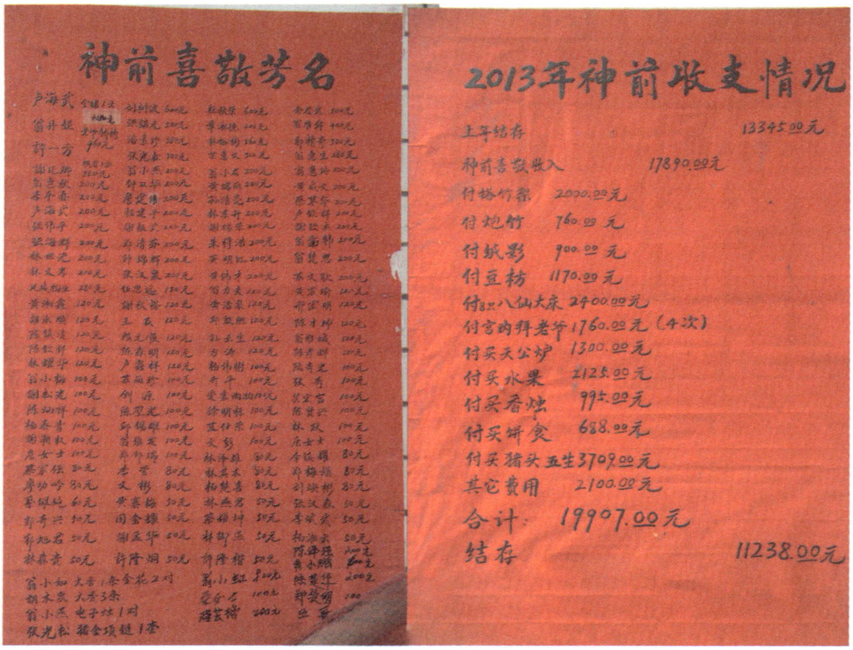

图3-25　神前喜敬芳名收支明细

二、神前的设置

神品：天公炉、神炉、五贡（必备花瓶、狮头大屏、烛台）、灯盏、老爷轿、香茶炉、拜台、八仙桌、床裙、彩眉、乐器、爆竹囊等。

另有横标旗、直标旗、宣传彩旗（如写有"风调雨顺""国泰民安"等语）、灯笼、五彩旗。

第五节　青龙庙会的重兴

有政府的支持及海内外各界六十多年的通力合作，传统文化氛围逐步形成，青龙庙会重兴的条件已日臻成熟，真正意义上的青龙庙会雏形形成了。2013 年和 2014 年青龙庙会的成功举行，是青龙庙会重兴的标志，下面择要对这两届庙会作比较客观的介绍。

一、2013 年潮州青龙庙会

2013 年 3 月 3 日至 6 日（农历正月二十二日至二十五日）举行的"祈福潮州·2013 潮州青龙庙会"庙会的亮点是：

1. 热烈祥和

庙会的各功能区早就整饰完毕。古庙两侧屋顶及南堤靠庙一侧挂上了"弘扬传统文化、展示非遗项目""联结天下潮人，建设美好潮州"的大幅标语。"风调雨顺""国泰民安""合郡平安"等彩旗插遍庙区、南堤路和江滨。

祭台旁，信众细心地为大猪戴上金耳环（图 3-26），给羊须做最后的梳理（图 3-27），给羊嘴含上大橘（图 3-28），此作为"吉祥如意"的征兆。贡品序列认真地调整，以求尽善尽美。彩旗飘飘，锣鼓喧天，醒狮舞动，潮曲悠扬，票友表演，投影播放，礼炮轰鸣，烟花燃放……汇成了"风调雨顺，合郡平安、国泰民安"的合奏曲。

图 3-26　信众为大猪戴上金耳环

图 3-27　给羊须做最后的梳理

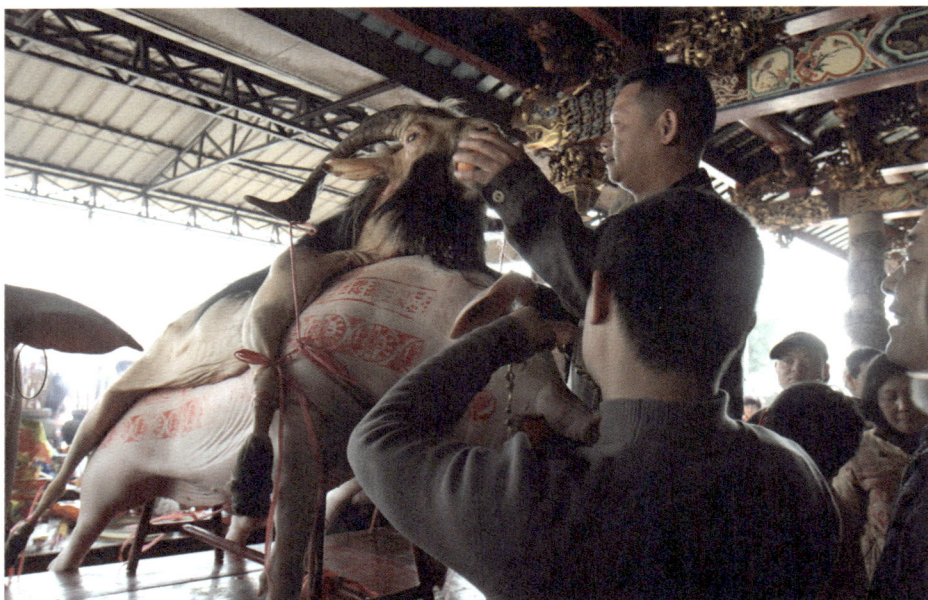

图 3-28　给羊嘴含上大橘

图 3-29　锣鼓喧天

图 3-30　驾临神台

庙会的最大亮点是"老爷出宫"和"老爷入宫"。上午7点拜退殿，在锣鼓和舞狮启祥下，安济圣王从神台移至銮舆，抬至神台，供信众供奉。当天下午3时举行回銮仪式。驾临神台虽然只有几小时的时间，但拜谒的信众却里三层外三层，争相近距离一睹圣容。这也勾起了老一辈人的回忆：1950年庙会安济圣王巡游后，大老爷就再也没有出宫过（1966年的拆宫请去老爷例外）。此次安排的"老爷出入宫"的仪式，是日后巡游的先期预演。信众近距离地与圣王接近，摸一摸二夫人的轿，是人们期待已久的愿望。

2. 集会祈福

各级领导、香港和海外潮人、潮汕三市嘉宾、研究会成员和民众5 000多人参加了仪式。在青龙古庙庙前埕，向安济圣王像三跪九叩首，祈求圣德佑郡，国泰民安，风调雨顺，合境平安。

3. 捐赠仪式

向青龙庙会捐赠的单位和个人分别有：广东省原省长卢瑞华先生题联"安民济世为官崇善名千古，扶桑扬德还里思敬达当今"；广东省政协常委、提案委员会主任，广东省政府参事室主任、省政府文史研究馆馆长周義先生献墨宝"德润潮郡"；广东省国际潮人联谊会献国画《紫气东来》；香港潮安同乡会献国画《竹报平安》；香港潮安同乡会向青龙古庙赠送汽车1辆；潮州市前市长彭启安先生题联"欣祝青龙重起舞，喜迎古郡再腾辉"；国内知名学者、书法家雷铎先生题联"青山绿水纪功臣乎百代，龙翥凤翔佑安顺于一方"；还有自研究会成立以来捐款1万元以上的单位和个人。

4. 香阵壮观（图3-31）

香阵是青龙庙会的一大特色，人称"世界第一香阵"。四天的庙会，共点燃数米长的大龙香近3 000条，而同时点燃的就有近千条，其规模之大、耗时之久为世所罕见，澳大利亚的旅游团团友被这香阵吸引住了，久久不愿离开，直说太神奇啦！主持香阵的庙事人员，穿梭其中，却无一人灼伤，实为奇事。

图 3-31　香阵壮观

5. 万众朝圣（图 3-32）

5 日晚上是庙会的最高潮，整个庙区人山人海（图 3-33），参观群众不下 10 万人次。庙会期间，不论是老市区还是新市区，甚至郊区，全市都沉浸在喜庆的气氛中。为庙会设置的规模神前有 100 多个，据不完全统计，4 天的庙会期间到古庙拜谒安济圣王的民众有 30 多万人次。陈伟南先生还先期专程到青龙古庙拜谒安济圣王并对庙会寄予厚望。

图 3-32　万众朝圣

图 3-33　人山人海

6. 虔诚祭拜

庙会上，来来往往采集香火（请香火圣驾到神前祭拜）的善信自觉排队，井然有序，最长时有几百米。春雨绵绵，寒风刺骨，人们却毫不畏缩，深夜三更，依然精神抖擞，自觉排队点香烛的队伍，烛光连成一线，俨然一条条火龙。尚为童蒙的小孩，在婆婆、奶奶帮助下，手捧上三根香，默默地祭拜圣王（图 3-34）。那些虔诚信众，在神前的篷帐中守神几个日夜，问起累不累，几乎是同一个回答：拜大老爷保平安，值得！是啊，安济圣王是潮州的保护神，是非物质文化遗产的载体，我们要好好延续这种文化，将其发扬光大。

图 3-34　童蒙祭拜

7. 夜间巡游

夜间巡游（图3-35）是种六十多年来的"特色活动"，因为"违禁"倒是增添了几分神秘色彩。在护驾队保护下，德高望重者敬奉安济圣王及二位夫人神像，按昔年巡游路线在正日子夜才开始巡游全城，所到之处，百姓夹道欢迎。初期是步行，后来是用单车、摩托车，到近年则是用汽车出游敬奉神像。

图3-35　2005年青龙庙会期间安济圣王画像夜间巡游场面

8. 非遗展示

庙会期间，在庙区设置了潮州市国家级、省级非物质文化遗产项目展示窗口（图3-36），各代表性传承人均踊跃参加，其中有潮州木雕、潮州花灯、潮绣、麦秆画、大吴泥塑、潮州手拉壶、颐陶轩潮州窑博物馆等。青龙古庙庙藏文物由于是第一次展示，显得特别抢眼。古朴的清乾隆年间的石匾、小石狮、精雕细刻的銮舆、爆竹囊、八宝，人人争着先睹为快。非遗项目中的顶级作品展示，让大家驻足良久，叹为巧夺天工。

图 3-36　庙藏文物展示

9. 城区盛况

庙会期间，潮城一派欢腾，各神前早早就贴出红榜，提醒信众不要错过游大老爷时刻，个个装扮上节日的盛装。据称，最多的要花上十来万元，加上贡品，那数字就更大了。各家各户也早早备好了三牲甜粿，有从外地回来的、从附近各个住宅区回老市区的，一时间，大街小巷成了人的海洋。平日冷清的老市区仿佛回到了以前繁华的日子，像天地坛的一老宅，平时只有三位老人，但此时子女、亲戚、朋友都来了，大餐小餐都是三四桌。原来只有几万人的老市区不被挤破才怪呢！老市区外围鞭炮连连，烟火冲天，"火箭"不停。拿着小鞭炮的孩童也学着大人到神前点响，潮剧爱好者不管水平高低，也在神前来个即兴表演。而开元街卖蔗汁的延续了昔日"（正月）十五夜"的传说，几个小摊忙个不停，南较路、大街顶、城基路一字摆开的小食摊为庙会熬夜者提供了及时的补充。开元路上糖艺档前被挤得严严实实，这个要糖老猴，那个要糖金鱼……平时就有生意的师傅忙得不可开交，直喊没招（图 3-37）。

图 3-37　糖艺档口

图 3-38　"神前"戏台

　　而新市区也设置了不少神前（图 3-38），如粤潮花园，神前有戴上金耳环的全猪三头，贡香几十支，神厂一百多平方米，到神前祭拜的除了本住宅区居民外，还有周围的信众万余人。老城新城真的都欢腾起来了。

10. 游客如云

"祈福潮州·2013 潮州青龙庙会"是青龙庙会被批准为省级非物质文化遗产项目之后第一次举办的庙会。其间吸引了来自新加坡、澳大利亚、俄罗斯和我国港澳台等国家和地区的专家、学者、游客莅潮参观。新加坡、东南亚的乡亲也专程赶来参加庙会。

11. 安全有序

庙会祭拜大老爷的规模和人数都达到了历史的巅峰，但有政府的保障和现场几百名警员的辛苦执勤以及 100 名志愿者的参与和市民的支持，加之信众自觉有序、百姓的文明素质不断提高，庙会活动始终祥和安乐，没有发生一例治安事故，圆满成功。

非遗项目展示现场虽然只有一条红塑料绳把展台与观众隔离开来，但大家都没越"雷池"半步，静静地观看，没有发生展品的损伤和失窃。"老爷出入宫"是庙会中安全系数最低的一项活动，但仪式始终安全有序。

12. 媒体报道

香港凤凰卫视做了专题的采访，广东电视台、潮州电视台、潮州日报等媒体给予及时的报道。其中，3 月 9 日凤凰卫视在"凤眼睇中华"栏目播放的《潮州民俗》中着重介绍了潮州青龙庙会的盛况，引发了潮城民众对正式恢复庙会的期待和海内外潮人对庙会的广泛关注。

3 月 8 日《潮州日报》第八版刊登了研究会和湘桥区民营企业家商会的彩色鸣谢版（图 3–39）。

13. 研讨座谈

庙会期间，饶宗颐教授欣然命笔，给青龙庙会赠送了墨宝："弘扬文化，促进和谐"。2013 年 3 月 13 日下午，研究会召开座谈会（图 3–40），参加座谈的有韩山师范学院、潮州市的专家、学者，以及研究会成员共 20 人。大家高度赞扬饶宗颐教授热爱家乡的情怀和对青龙庙会的高度关注，认为他的题词是对青龙庙会这一文化品牌的定位，纷纷表示要不辜负饶宗颐教授的期望，把青龙庙会办好。

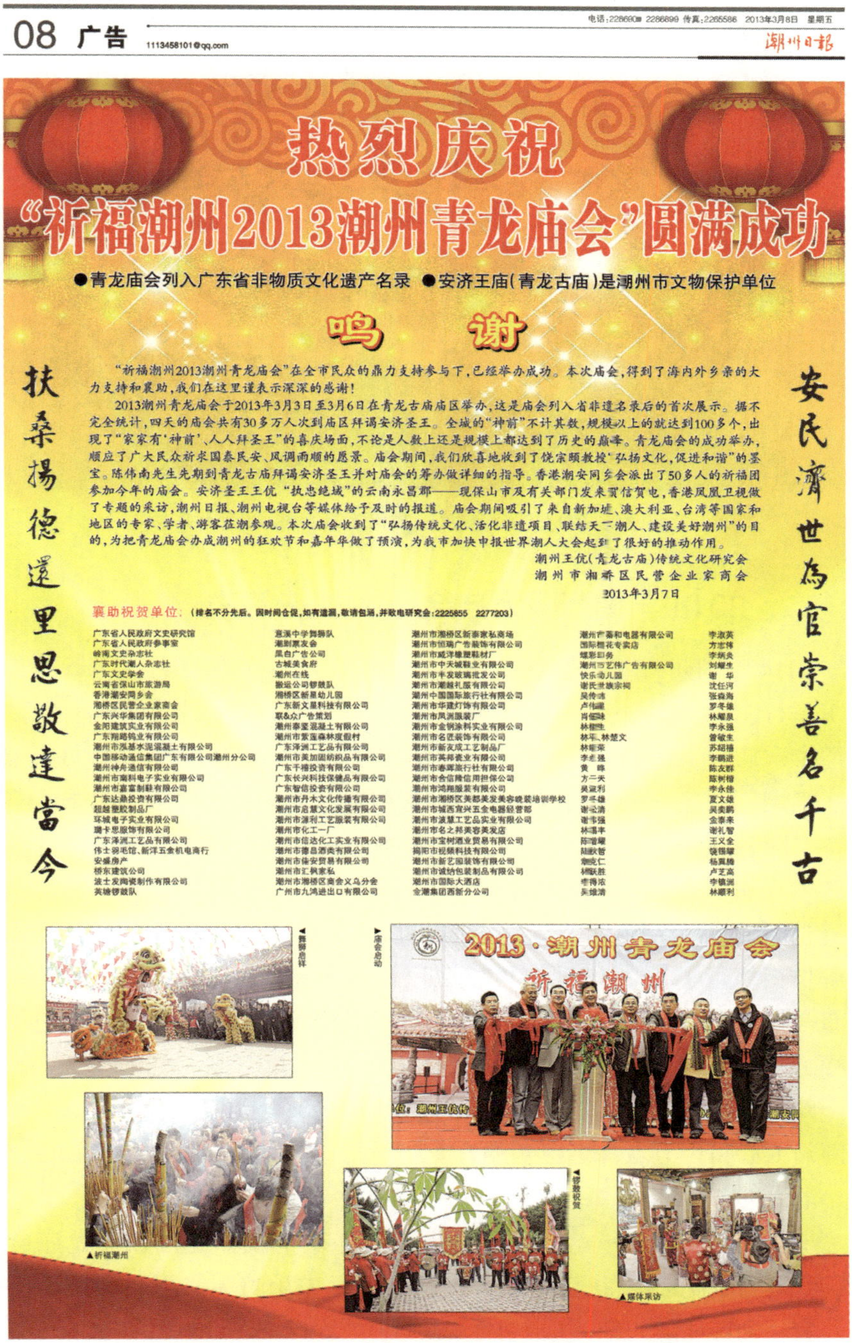

08 广告 1113458101@qq.com

电话:228680[illegible] 2286899 传真:2265586 2013年3月8日 星期五

潮州日報

热烈庆祝

“祈福潮州2013潮州青龙庙会”圆满成功

●青龙庙会列入广东省非物质文化遗产名录 ●安济王庙(青龙古庙)是潮州市文物保护单位

扶桑揚德還里思敬達當今

安民濟世為官崇善名千古

鸣 谢

“祈福潮州2013潮州青龙庙会”在全市民众的鼎力支持参与下，已经举办成功。本次庙会，得到了海内外乡亲的大力支持和襄助，我们在这里谨表示深深的感谢！

2013潮州青龙庙会于2013年3月3日至3月6日在青龙古庙庙区举办，这是庙会列入省非遗名录后的首次展示。据不完全统计，四天的庙会共有30多万人次到庙区拜谒安济圣王。全城的“神前”不计其数，规模以上的就达到100多个，出现了“家家有‘神前’、人人拜圣王”的喜庆场面，不论是人数上还是规模上都达到了历史的巅峰。青龙庙会的成功举办，顺应了广大民众祈求国泰民安、风调雨顺的愿景。庙会期间，我们欣喜地收到了饶宗颐教授“弘扬文化，促进和谐”的墨宝。陈伟南先生先期到青龙古庙拜谒安济圣王并对庙会的筹办做详细的指导。香港潮安同乡会派出了50多人的祈福团参加今年的庙会。安济圣王王伉“执忠绝域”的云南永昌郡——现保山市及有关部门发来贺信贺电，香港凤凰卫视做了专题的采访，潮州日报、潮州电视台等媒体给予及时的报道。庙会期间吸引了来自新加坡、澳大利亚、台湾等国家和地区的专家、学者、游客莅潮参观。本次庙会收到了“弘扬传统文化、活化非遗项目、联结天下潮人、建设美好潮州”的目的，为把青龙庙会办成潮州的狂欢节和嘉年华做了预演，为我市加快申报世界潮人大会起到了很好的推动作用。

潮州王伉(青龙古庙)传统文化研究会

潮州市湘桥区民营企业家商会

2013年3月7日

襄助祝贺单位：(排名不分先后。因时间仓促，如有遗漏，敬请包涵，并致电研究会：2225855 2277203)

广东省人民政府文史研究馆	意溪中学舞狮队	潮州市湘桥区新泰家私商场	潮州广泰和电器有限公司	李淑英
广东省人民政府参事室	潮剧票友会	潮州市恒瑞广告装饰有限公司	国际樱花专卖店	方志伟
岭南文史杂志社	黑白广告公司	潮州市威洋橡塑鞋材厂	蝶影印务	李炳炎
广东时代潮人杂志社	古城美食府	潮州市中天城鞋业有限公司	潮州市艺伟广告有限公司	刘耀生
广东文史学会	潮州在线	潮州市丰发玻璃批发公司	快乐幼儿园	谢 华
云南省保山市旅游局	搬运公司锣鼓队	潮州市潮越礼服有限公司	谢氏世族宗祠	沈任河
香港潮安同乡会	湘桥区新星幼儿园	潮州中国国际旅行社有限公司	吴伟[illegible]	张焕海
湘桥区民营企业家商会	广东新文星科技有限公司	潮州市华建灯饰有限公司	卢伟[illegible]	罗冬雄
广东兴华集团有限公司	联&众广告策划	潮州市凤洲服装厂	肖伍[illegible]	林耀泉
金阳建筑实业有限公司	潮州泰坚混凝土有限公司	潮州市金钢涂料实业有限公司	林[illegible]生	李永强
广东翔鹏钨业有限公司	潮州市紫莲森林度假村	潮州市名匠装饰有限公司	林[illegible]、林楚文	曾敏生
潮州市泓基水泥混凝土有限公司	广东泽洲工艺品有限公司	潮州市新友成工艺制品厂	林[illegible]荣	苏绍禧
中国移动通信集团广东有限公司潮州分公司	潮州市美加固纺织品有限公司	潮州市英邦瓷业有限公司	李[illegible]强	李鹏进
潮州神舟通信有限公司	广东千禧投资有限公司	潮州市春晖旅行社有限公司	黄 峰	陈友群
潮州市南科电子实业有限公司	广东长兴科技保健品有限公司	潮州市合信隆信用担保公司	方二夫	陈树楷
潮州市嘉富制鞋有限公司	广东智信投资有限公司	潮州市鸿翔服装有限公司	吴[illegible]利	李永佳
广东达鼎投资有限公司	潮州市丹木文化传播有限公司	潮州市湘桥区美都美发美容晚装培训学校	罗[illegible]雄	夏文雄
超越塑胶制品厂	潮州市启慧文化发展有限公司	潮州市城西宜兴五金电器经营部	谢[illegible]清	吴奕鹏
环城电子实业有限公司	潮州市源利工艺服装有限公司	潮州市波慧工艺品实业有限公司	谢[illegible]强	金泰来
璐卡思服饰有限公司	潮州市化工一厂	潮州市名之邦美容美发店	林[illegible]丰	谢礼智
广东泽洲工艺品有限公司	潮州市信达化工实业有限公司	潮州市宝树酒业贸易有限公司	陈[illegible]耀	王义全
伟士羽毛馆、新洋五金机电商行	潮州市德昌酒类有限公司	揭阳市视频科技有限公司	[illegible]智	饶锡耀
安盛房产	潮州市佳安贸易有限公司	潮州市新艺园装饰有限公司	[illegible]仁	杨翼腾
桥东建筑公司	潮州市汇枫家私	潮州市诚纳包装制品有限公司	[illegible]胜	卢芝高
波士发陶瓷制作有限公司	潮州市湘桥区商会义乌分会	潮州市国际大酒店	[illegible]浓	李镇洲
英塘锣鼓队	广州市九鸿进出口有限公司	金潮集团西新分公司	[illegible]清	林顺利

▲舞狮启祥

▲庙会启动

▲祈福潮州

▲锣鼓祝贺

▲媒体采访

图 3–39 2013 年 3 月 8 日《潮州日报》第八版（袁伟雄提供）

图 3-40 饶宗颐教授为青龙庙会题词座谈会

二、2014 年潮州青龙庙会

2014 年潮州青龙庙会于 2 月 14 日至 23 日（农历正月十五日至二十四日）举行。

本次庙会长达十天，安排了丰富多彩的活动，包括祈福、传灯接福、讲古、潮剧、曲艺、书画展示、潮州大锣鼓、醒狮表演、廿四节令鼓、广场影院、文化沙龙等，"弘扬民俗文化、唱响潮人乡情"的文化踩街是这次青龙庙会的压轴大餐，让潮州古城的居民都体验了一次文化盛会。巡游队伍由11 个方队组成，共 1 200 余人，队伍长近千米，从青龙古庙出发经过潮州的古牌坊街绕行了长达 10 千米的城区道路。在潮州市人民广场，鲤鱼舞、饶平布马舞、潮州大锣鼓、醒狮、舞龙等一系列极具潮州民俗文化特色的展演亮相。

此次潮州青龙庙会巡游，突出了潮州传统文化元素和群众的参与性，把在潮州人心目中有着深远影响的青龙庙会打造成为"文化的盛会、民俗的欢庆、潮人的节日"。

早在 1937 年的一本介绍潮州风俗的书籍中就如此描述青龙庙会巡街"营老爷"的盛况："花灯美景，百戏杂陈，鼓乐喧天，爆竹震耳，游人达十万余，全城如醉如狂。"如今再现。

上午 8 时许，民俗文化巡游队伍来到市区南堤路与环城南路交界处。走

在队伍最前头的是潮州大锣鼓方队，他们用铿锵有力、节奏明快的锣鼓声调动起现场欢乐喜庆的气氛。随后，代表着潮州非物质文化遗产的方队一个接一个进场。首先展示风采的是鲤鱼舞队。只见红、黄、橙等颜色的鲤鱼，随着锣鼓的节奏上下起舞、左右翻腾。紧接着，来自饶平的几十匹布马奔腾而至，骑手们驾驭着布马，时而策马飞奔，时而原地踏舞。跟在布马舞队后面的是英歌舞队，一位位青年壮士手拿棍棒，跟着锣鼓节奏挥拳、劈腿、齐声呐喊，气势十分雄伟。最后，舞龙队、醒狮队踏着鼓声飞奔而来，神龙翻滚，醒狮跳跃，在市民的惊叹声中，他们完成了一个又一个精彩的动作。

巡游队伍所至之处，围观的群众里三层外三层，不少市民都举起手机准备拍照录像，生怕漏掉某一个精彩瞬间。市民陈先生说："我提前1个多小时过来，才占到一个观看的好位置。这个活动实在是太棒了！可以在同一时间看到这么多精彩的民俗文化表演，不论多早过来都是值得的。"

活动期间，海外潮人也特意带来了众多精彩的表演节目。海内外潮人都祈求在新一年里风调雨顺、生活幸福，身体安康，同建和谐潮州。

潮州人感怀家乡，外地人赞叹潮州。

"这一天我等了64年。"87岁的陈春松老人跟老伴，也跟其他年轻人一样一早守候在路口，等待巡游队伍前来。在接受记者采访时他显得特别激动，他告诉记者，自从去年听说今年正月要举行大型庙会，他便一直跟身边的亲人讲述60多年前庙会的盛景。"那时候是全城出动啊，鞭炮纸到处是厚厚的一层，特别热闹！"陈春松说。

"64年前，我是巡游队伍里边的潮州大锣鼓队鼓手，如果现在身体还硬朗，我特别想再跟着去敲锣打鼓！"陈春松告诉记者，这几年潮州的经济越来越好，文化建设也发展起来了，特别是花灯、大锣鼓、舞龙舞狮等这些很有潮州特色的优秀传统文化，在大家的努力下，得到了很好的弘扬和传承，他感到十分欣慰。

香港潮安同乡会派出庞大代表团参加，香港娱乐大王、香港英皇集团主席杨受成先生等还乘私人专机莅潮与会。同胞们告诉记者，为了这次久违的海内外同胞大聚会，同乡会共来了60多人，大家都觉得特别亲切。"同乡会里一些90多岁的老人家说，已经几十年没见到潮州举行大型庙会了，所以在年前就一再要求跟着过来看看家乡。"许斌说，这次民俗文化巡游活动，其实是潮州人的大型嘉年华。

庙会期间，学界也举行了一场围绕青龙庙会的学术沙龙。

第四章 青龙庙的影响与辐射

第一节 域内安济王庙①

域内安济王庙主要有：

一、松口安济侯庙

乾隆《嘉应州志·杂记部》载："安济侯庙，梅溪岸上，俗名梅溪宫，祀梅水之神。"在这里安济圣王是助人泅渡的水神或河神，而不是予人福祉的蛇神。

现在松口已无祭祀梅水之神的安济侯庙，却有祭祀梅溪公王的"祥云宫"。该宫坐落在松口洋坑盘龙村，古称是"神蛙揽月"之地理格局。现存祥云宫于清嘉庆二年（1797）由合乡集资重建，系单层单进平房，中间是正殿，右设观音殿，左为斋堂，正殿供奉"梅溪公王"和"三宝"。正殿门楼镶嵌青石勒刻之宫名匾额（图4-1），为清康熙九年（1670）里人李赤元敬题。

图4-1　松口祥云宫庙匾（祥云宫即传说中的松口安济侯庙）

---

① 以下松口安济侯庙和丙村新圩梅溪宫庙是遵饶宗颐先生和《嘉应州志》："安济庙，不独潮州有之，梅县亦有之"之述，根据廖志添《梅溪公王原型演变初探》（《侨乡月报》2018年第1期）一文及田野调查撰写的。

乾隆《嘉应州志》载：

《梅溪宫辨》：俗所称梅溪宫在溪岸，额曰"安济侯庙"，其为水神明甚。梅溪宫者，盖云梅溪上之宫耳。州之前辈欲求其人以实之，曰："王十朋，号梅溪，曾由程（乡）之潮（州），后人立庙祀之。"夫十朋不可谓安济侯，一过何足庙祀？此为传会无疑。至谓"汉封梅鋗于粤，即程乡地，州之名梅，因鋗而得，梅溪宫神即鋗"则均之诬矣。按：《广东新语》及《通志》，……惟即"安济"二字思之，其义显易明白，不必费辞矣。

又云："程乡松口俗号恶溪庙，安济庙乃其所巳。"温仲和曰："南宋以前，当以溪流险恶，而求安济。故祀此水之神，以安济为名。而或封侯，或封王，又素著显灵之验也。"安济庙，不独潮州有之，梅县亦有之，名曰安济，乃以镇水患而名，谓取义于龙，误也。

祥云宫于 2013 年夏初实施修建工程（图 4-2）[①]。

图 4-2　2013 年改建中的祥云宫

101

二、丙村新圩梅溪宫

丙村新圩梅溪宫（图4-3），位于梅江的支流石窟河边，系单层单进平房，内设神殿，永昌圣王的神像位于神台正中。

据廖志添《梅溪公王原型演变初探》一文所言：将王伉作为梅溪公王原型的宫庙，目前只发现丙村新圩梅溪宫。《梅溪宫简介》曰：该宫建于明神宗万历二年（1574）。另外，与梅溪公王有关的潮州安济侯庙，据考证也认为王伉的入祀是明代，可见以王伉作为梅溪公王原型或是明代才有的。新圩梅溪宫梅溪公王的牌位乃因蜀汉永昌太守王伉而名为"敕封梅溪治国安济侯永昌圣王"（图4-4）。

图4-3　丙村新圩梅溪宫

图4-4　丙村新圩梅溪公王的圣王神像和牌位（廖志添提供）

三、北堤安济王庙 [①]

该庙位于韩江北堤最南端金山北麓（现潮州市堤防局一带），面积比金山脚天后宫略大，约80平方米，为紧凑型二进带小拜亭庙宇建筑，坐南朝北。宫门向竹竿山，站在宫门外，可远眺凤凰山，与附近的龙母庙、石门斗天后宫（图4-5）共同庇护北堤的安全，时被称为"三星拱照"。新中国成立初，因北堤改建而拆毁。

图 4-5 天后宫

四、架桥潭安济圣王庙（龙溪古庙）[②]

架桥潭安济圣王庙，又称龙溪古庙，相传始建于清朝年间，有近三百年的历史（图4-6）。

龙溪古庙地处潮安县归湖镇凤南东明村。该处地势险要，上有五座山陵汇聚于此，当地人称五龙聚首，下有凤凰溪流过，庙宇刚好位于凤凰溪中段的青龙潭边上，潭上有一座小桥，是邻近各村耕田、赶集、拜访亲友的必经之地。

---

① 据章元鑫、张得海口述整理。

② 据龙溪古庙理事会成员文永名口述、陈金槐整理。

图4-6 架桥潭安济圣王庙

近三百年前的一天，人们发现潭边奇特的巨石下方供奉有青龙老爷，遂进行祭拜，以祈求身体健康，风调雨顺，国泰民安。据当地老人回忆，民国时期，当地善信将每年农历十二月十二日定为龙溪古庙年会，由附近三个甲共二十个自然村轮值主持祭拜仪式，并一直沿袭至今。

据说，来龙溪古庙祈愿的读书、经商、做官的善信，都能如愿以偿，很灵验；龙溪古庙虽地势险、陡、窄，但历次活动都取得圆满成功。各善信每年祭拜后，都会将灵符珍藏于身，保佑平安，事业兴旺，于是龙溪古庙香火越来越旺。

龙溪古庙的特别之处是该庙有老爷的"同身"（据说是老爷的化身，当施行法术时就是老爷附体）。最近两位"同身"分别是陈分裕（1945年前）和陈传拱（1945—2010），随着陈传拱去世，目前没有"同身"。

龙溪古庙地处偏僻山区，交通不便，善信人数稀少，地方经济较为落后，每年的资金筹集渠道只限于三甲内农业人口摊派，或附近企业单位、商铺及热心人士等捐赠，资金极其有限。1992年初，由文锡荣、柯义木等乡贤长者热心发起，成立龙溪古庙理事会，通过泰国、越南等地华侨捐赠资金，在原址修建老爷宫，并对年会大庆进行编排，将1992年农历十二月十二日定为龙溪古庙大庆，青龙老爷不出巡，三甲各村善信需集中在此祭

拜；后再由三个甲各三个村依次轮流主持年会，每年将老爷请到轮值村的祖厅，举行隆重的拜老爷仪式，仪式完毕后再将老爷奉回龙溪古庙。十年一轮。同时理事会考虑到大庆时香火较平时旺盛，筹集资金相对多一点，约定在该年份完成一件较大型的投资建设。现已建成新庙宇。

龙溪古庙在当地善信的共同努力下，已成雏形，但因地处偏僻山区，规模小，资金缺乏，至今也尚无文字记载，各方面的建设还有待进一步完善。

归湖镇新田村七八十人多移居村外，实际常住只有两户人家，2015年农历十二月十二日是该村十年一轮的青龙爷祭祀日，为庆祝青龙爷的到来，村民自发筹措资金十多万元，外迁的人提前三个月回村修路、扩路、铺设临时停车场，进行搭建遮阳棚、租借餐具等准备工作。庙会当天凌晨四时，迎接青龙爷的队伍乘坐两辆"六轮"车，从新田村出发，途经蟹地村，会合蟹地村同姓宗亲组成的锣鼓队约五十人，下山来到龙溪古庙迎接青龙爷。回村时近凌晨六点，山间云雾缭绕，迎神队伍在山路间迂回穿梭，好不神秘。中午设宴92桌，接待宾客近千人。2016年双兴村常住人口约30人，设宴150桌，2017年大印东明村常住人口约100人，设宴248桌。

附：三甲各村名（共20个自然村，每甲人口数均约500人）
一甲：双桎、炉内、石古脚、鸡笼山、橘树坑、鹿湖、桶盘垱；
二甲：大葤、乌石、仙洋坑、牛担弯、深坑、葵埕、五叶垸；
三甲：蟹地、白叶葤、新田、金山、寮北内、破柴坪。

五、新乡古庙安济圣王神座

新乡古庙（图4-7）位于潮州市湘桥区城西街道新乡村中心，也称"伯公宫"，建于清康熙五年（1666）丙午。清宣统三年（1911）辛亥，地震时夹带大风雨，庙宇被风雨摧毁，后于民国三十三年（1944）复建，1995年重修扩建。新乡古庙从始建到扩建，曾几易庙址。

新乡古庙坐西向东，面积约104平方米，为紧凑形四点金带龙虎门的潮式庙宇结构。古庙门前，镌刻着一对嵌着"新乡"二字抬头的古联，上联为"新阴永护粉榆社"，下联为"乡俗长遵礼让风"。庙内石柱上也刻有"古木英灵春不老，明神佑启福无疆"及"天化百物帝乾坤，感应万民大福地"对联。古庙内供奉着感天大帝、玄天大帝、安济圣王、大夫人、二夫人、龙树

图 4-7　新乡古庙局部

圣王、龙树夫人、土地公、土地妈、花公、花妈、慈悲娘娘、将军爷诸神。

安济圣王、大夫人、二夫人神座神像，在新乡古庙中仅次于感天大帝、玄天上帝，与众神共为新乡的保护神。每年正月初七是众神的特别敬奉日。

六、大坝村安济圣王庙

大坝村安济圣王庙（图 4-8）位于普宁市大坝镇大坝村与九江村的交界处。坐西向东，建筑面积为 20 多平方米，单开间，内设神台，神台上供奉有青龙老爷、感天大帝、慈悲娘娘、福德老爷四位老爷神像。庙墙镶有老伯爷公灵签三十二条。旁有土地爷和焚化炉。庙前有大池，周围有圹埕。

庙前为正楷"安济圣王庙"匾，庙联是草书"安民德厚传千古，济世恩深报万年"。据村民介绍，大坝安济圣王庙是饶平海山镇朱姓一支于明末清初来此地创乡，随身请来安济圣王到此建庙镇煞佑安的。现庙为乙亥年（1995）花月重建。

图 4-8　大坝村安济圣王庙

七、竹蟾青龙庙 [①]

竹蟾青龙庙（图 4-9）位于潮州市湘桥区磷溪镇竹蟾村西北隅的韩江畔。

图 4-9　竹蟾青龙庙

---

① 本小节内容由苏钟先生协助了解、提供。

潮郡青龙庙

竹蟛青龙庙坐南向北，隔江遥望潮郡青龙庙。庙为不典型的潮式竹竿厝建筑，单门楼亭、单内埕、单祭厅，面积约55平方米。庙厅供奉着安济圣王，大夫人、二夫人的神像和府爷、县爷的牌位。大门额为"青龙庙"三个正楷大字。庙联是"青山绿水环神庙，龙阁凤台壮圣威"。

关于竹蟛青龙庙的建庙缘由、历史、演变和现状，庙中已有简介，谨实录如下：

《潮州府志》记载，道光四年（1824）夏韩江发大水，东厢乡竹蟛堤段溃决，1826年、1833年，竹蟛堤段屡次堤崩成灾，十年三患，遍地哀鸿，民不聊生。

道光十四年（1834），十三乡乡绅商议，发动十三乡民众出资在竹蟛堤上建"青龙庙"，到南门"青龙古庙"请安济圣王坐阵镇水，在海阳县领导下，民众群策群力，修建堤坝，奋战三年，终于堵住缺口，建成堤围。

自从请"安济圣王"镇水患180年来，大堤巍然屹立，民众安居乐业。"青龙庙"独占风水宝地，望江面立，面向凤凰山，风和日丽之时，凤凰鸟冠依稀可见，金山古松、龙湫宝塔……尽收眼底。远眺韩江，韩文公祠、笔架山绝胜风景一望展现，"乃风景这边独好"。庙宇正中安放"安济圣王"、大夫人、二夫人，神像两侧：潮州府大爷为左，海阳县令为右。严肃圣威，供乡民朝拜，每年农历三月二十七日，东厢十三乡乡民都到"青龙庙"参拜，庙会由社光村主持。

解放后，由于种种原因，庙宇空荡破旧，1958年磷溪公社在此办麻厂，青龙庙遂成工人宿舍，2004年因潮州水利枢纽建设需要，"青龙庙"被拆除。2007年，竹蟛老人组织复建"青龙庙"，由于资金不足，把庙址原一厅二房格局改为一厅，并刻神像，供人们求拜，每年农历正月十七日是竹蟛村"三山国王"日，也请"安济圣王"香炉出游，庇佑平安。

竹蟛青龙庙的左侧为天后宫，面积约30平方米，两宫中间留有通道，两宫临江处有约120平方米的宫前外埕。

八、上东浦乡天后宫安济圣王神台

上东浦乡天后宫位于汕头市潮南区上东浦乡文化广场的正前方，坐东向西，占地面积2 000多平方米，建筑面积约300多平方米。宫前面和两侧有共约10 000平方米的广场和文体设施，天后宫地势稍高，前埕广阔，舒张大方。天后宫为典型的潮式四点金庙宇建筑，装饰考究，处处着意，是庙宇建筑的精品。结构有内拜亭、内埕、大外阳埕、门楼亭、外独立拜亭，拜亭前还有祭品台，一个乡宫有多个拜亭祭品台，足见其香火之盛。天后宫正殿中央神台是天后圣母神像，左侧神台是珍珠娘娘神像，右侧神台则是安济圣王神像（图4-10）。庙左右两侧各有一组天后圣母、珍珠娘娘、安济圣王的玉（敕）封牌。

上东浦安济圣王庙是天运乙酉年（2005）重修开光，且与天后圣母合并建庙。关于安济圣王的来历和安济圣王庙的历史，乡里传说不知距今多少

图4-10　上东浦乡天后宫安济圣王神台

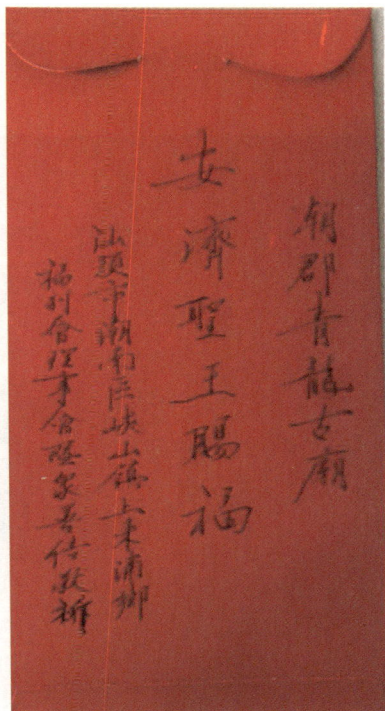

图4-11　福利会理事领导赠送的红包

年前（不少于百多年），青龙老爷化作一条青蛇在三山古庙旁竹树下围绕，后由此游到桥头妈（天后宫），村民发现是青龙老爷化为青蛇游此显灵，并盘绕在桥头妈一棵树上，后来村里族老赶来树下掷杯，问是不是老爷要来此封拜，老爷给圣杯，特此建造安济圣王庙供村民奉拜，且有求必应，极为灵验。民间传说，一哑女祭拜后，当晚梦见青龙缠身，隔天醒来顿开响嗓。上东浦安济圣王庙惜毁于"文革"，庙中文物被抢一空，原有圣王同身也因此不再有。安济圣王庙2005年才与天后圣母合并建庙重新开光。据悉，上东浦乡福利会理事会正筹划择地重建安济圣王庙。

戊戌正月初十日（2018年2月25日），笔者来到该村，正值该村正月众神特别敬奉日，有安济圣王神台的天后宫一派热闹景象。采访结束离开时，福利会理事领导专门捧上红包（图4–11），委托笔者代为在潮郡青龙庙安济圣王前敬奉。

九、福沟古庙安济圣王神台

福沟古庙（图4–12）位于潮州市湘桥区城西街道后沟村的村前，郑氏宗祠的左侧。

图4–12 福沟古庙安济圣王神台

110

据村民介绍：福沟古庙有300多年的历史。为一单神厅带拜亭的庙式建筑，坐东向西，面积约40平方米，庙宇虽不大，但其装饰考究华丽，处处着意。庙门镌有"福沟人杰地灵名扬胜，古庙圣神显赫佑黎民"。庙中供奉有威天大帝、玄天上帝、安济圣王等十位神明的神台神像。每年的众神特别敬奉日即潮郡青龙庙掷杯择吉之起始日，为正月二十三日。

由于福沟古庙未见文献及村中史料，不能详细叙述，其历史仅能靠村民口述。

十、象岗安济圣王殿

象岗安济圣王殿（图4-13）位于揭阳市揭东区云路镇象岗村梅林寺的左侧厢房，坐东向西，面积30多平方米，设有圣王神台，奉安济圣王、夫人各一尊圣像，神台上方有金漆木雕"安济圣王"额匾。神台前有案几、供桌、圣炉，殿不大，却很完备。殿前有殿联"安济黎庶施福泽，圣王恩德惠苍生"。戊戌正月初十日笔者来到该村，适逢老爷圣日出殿巡游，安济圣王及其夫人神像已移在神厂（图4-14）供村民祭拜。

象岗村梅林寺历史悠久，是一座典型的佛道同寺共奉的寺庙，正殿是佛殿，而佛殿前的香炉却镌刻"玄天上帝"四个大字。梅林寺颇大，面积约2 000平方米，坐南朝北，寺前有一水库。

图4-13 象岗安济圣王殿

图 4-14 象岗村安济圣王殿中的圣
像已移在游神神厂

图 4-15 灵感安济圣王神台

十一、太卿第安济圣王神台 [①]

太卿第安济圣王神台位于潮州市潮安区金石镇辜厝村太卿第，太卿第是纪念明代名臣辜朝荐和辜氏历祖历宗的祠堂，在祠堂的供桌左侧则设有"灵感安济圣王"的神台（图4-15）。

关于在家祠中设"灵感安济圣王"神台缘由，笔者访问了村中的老书记。据他说，设安济圣王神台是五十多年前，信众专门到南门青龙庙恳请圣王恩允并请来圣炉香烟的，敬请圣像并置于祠堂供桌，以祈圣王与辜氏列祖列宗一起保佑一方平安。

十二、湖山安济圣王庙

湖山安济圣王庙（图4-16）位于西湖山南侧，由潮州市原副市长黄志鹏主持创建（2003年曾整修一次，并换上新庙匾）。时因南堤青龙古庙择

---

① 本小节内容由辜锡辉先生协助了解、提供。

112

吉于 1986 年正月动土，为使南堤古庙香火得以延续，择址于西湖山南岩北侧新建此庙。

图 4-16　湖山安济圣王庙

湖山安济圣王庙坐北朝南偏西约 30°，不知是专门设计还是巧合，其朝向正好对着南堤青龙古庙。该庙占地面积约 200 平方米，建筑面积 50 多平方米，主体长 8.5 米，宽 4.8 米，为不设隔墙的一厅二房格局，前面拜亭长 4.3 米，宽 2.3 米。神殿中央供奉安济圣王及大夫人、二夫人的塑像及敕封牌。左侧为仙师公、娲娘娘、进土爷的牌位，右侧为福德老爷、舍人老爷、花公花妈、保腊娘娘的牌位。神殿上方挂有"赍福降祥"的横匾，为癸未年（2003）四月吉立。庙额匾是阴刻的金漆木雕"安济圣王，癸未孟夏吉立"，庙联为"安当年永昌黔首圣恩浩荡参天地，济今日郡邑苍生王业恢宏炳日垒"。拜亭柱联为"安邦定国灵通上界威乃圣，济世泽民感应人寰敬为王"，落款为"癸未年夏四月重修湖山安济圣王庙"。

拜亭有供桌、香炉，拜亭前放置天公炉，其他灯笼饰物等概与南堤古庙相仿，体现了"麻雀虽小，五脏俱全"。从庙中的一块告示牌上所书"启事：农历三月二十七日为本年度'安济圣王'圣诞日，届时敬请各位善信前来参拜！本宫启，三月二十七"的公告可以看出，虽该宫位于西湖山腰，庙

113

小地僻，但庙事活动仍照常按旧规制进行。该庙有灵签64条，为青龙古庙的复制品，但已加上上、中、下签之符号。

据春光村湖山安济圣王庙的全程参与者蔡来发老人介绍：建庙时，他既捐款，也出力，时至今年的庙事活动他都乐捐。今年的老爷寿诞，神前木偶剧的佣金还是他喜敬的。现在湖山安济圣王庙的香火虽没有以前兴旺，但仍时有信众到该庙祭拜。

十三、忠节坊三界庙安济圣王殿

忠节坊三界庙安济圣王殿（图4-17）位于市区官诰巷大圣爷宫巷，由忠节坊老爷会管理。该殿创建于1988年，曾易址三次，现址为信众集资所购之庙产，面积50多平方米，庙门坐南向北，銮殿坐西向东，庙门联为"神祇恩泽由来久，坛中春风分外香"，殿联为"安邦护国佑南域，济世安民庇康宁"。该庙源于有500多年历史老古居，80多岁的章元鑫老人为延续三界庙香火与春喜、秋喜兄弟共同发起，建殿前在章元鑫老人家中设坛祭拜安济圣王，后来才在现址续祭。庙规为每天早晚各进香一次，初一、十五以水果、荐盒、橘（招来吉）祭拜，各敬神日则遵南堤青龙古庙的旧规制执行。

图4-17　忠节坊三界庙安济圣王殿

该庙殿正面安放着安济圣王、大夫人、二夫人之神象及金身塑像（供每年巡游用）、天公炉、香柴炉、手炉（供巡游用）、马头锣、爆竹囊、安路牌、回避牌、肃静牌、敕封牌、宫灯等一应俱全。五宝、灯笼、五彩旗，其设备与青龙古庙相同，只是规模小了很多。现有信众500多户近3 000人，该会得到当地办事处引导，社区支持，信众拥护，20多年来越办越好。

据章元鑫老人介绍，金山脚（现金山中学南向）原有三界庙，据说建于明朝，也是祭祀青蛇的，惜于日本侵潮时被日军挖战壕拆毁，从那时起忠节坊区域的信众只有在各自家中静静地奉祀青龙爷，至1980年由章元鑫老人到青龙庙分香在家中祭祀安济圣王青龙爷，以承袭三界庙的香火。

每年青龙庙会期间，忠节坊大老爷会组织队伍到市区义务巡游。为确保巡游安全有序，参加的巡游人员都佩戴工作证。巡游的交通工具也越来越豪华，从原来的步行、单车、摩托车发展到现在的汽车巡游。2013年巡游有20多部车、100多人（队伍中还不包括锣鼓队），金身塑像、手炉、敕封牌等，还有童男担贡爆竹囊，童女担花篮，青年女子擎标旗、香柴炉、五宝，按昔日安济圣王出游的巡游队伍序列进行。巡游范围已扩大到新市区的粤潮新园、粤海花园等。回銮时，更有失传多年的抱老爷"之"字形快跑的"走庵"再现。

庙会期间，到该殿祭拜、参观的人数不下1万人，老爷会为上殿信众免费提供米粥以备误餐时食用，2013年正月巡游期间共耗资近10万元。为发扬安济圣王扶贫济困美德，每年都会为本区域内贫困居民发放救济物资。

该庙有灵签64条，为青龙古庙的复制品，但已加上上、中、下签之符号。

相关链接

本文所述三界庙，为祭祀青蛇的庙宇，位于现金山中学大门东侧之第一排教室前面，现在的金山中学小卖部就是三界庙的戏台。相传该庙引自广西梧州，与广州三界庙同源。该庙设有阎王，阎王像两边立黑无常、白无常二位差役的造像。以前，父母过世时丧主都披麻戴孝到该庙报"生头"，故该三界庙兼有阎王殿之功效。

金山三界庙在抗战前香火相当旺盛，是青龙古庙安济圣王巡游必经之处。从忠节坊到三界庙是全市最热闹的区域之一。忠节坊社区的群众一贯有延续重光三界庙的愿望。

十四、佛光寺安济圣王神坛

佛光寺安济圣王神坛（图4-18）位于潮州市潮安区龙湖镇鹤三村。佛光寺是潮安区佛教协会的成员庙宇，大殿供奉着佛界众多佛像。

图4-18　佛光寺安济圣王神殿中的神像

佛光寺的阳埕左侧约20平方米的耳房辟有"龙华香苑"，龙华香苑正面神坛供奉玉皇大帝、北斗真君等十一位神像，也供奉弥勒佛的坐像和千手观音画像。龙华香苑左侧设有安济圣王、大夫人、二夫人的神坛。据该村李姓信众介绍，设安济圣王神坛是2014年2月他们到潮州观看青龙庙会安济圣王大巡游，当晚梦见安济圣王王伉来到该村保佑村民，被安济圣王的恩德深深地打动了，在得到佛光寺师傅的支持后，李姓信众专门到南门青龙庙恳请圣王恩允并求来分香，刻制安济圣王、大夫人、二夫人的神像，设神坛供村民膜拜。

佛光寺中佛中有道、道中有佛的设置，是佛道合一的典型。

十五、信众居家设立安济圣王神殿

（一）信众居家设立安济圣王神殿

对安济圣王的崇拜深入潮郡寻常百姓家，人们除了到安济王庙祭拜，还

有信众仿效居家设佛堂的做法，在家中设置安济圣王神殿，以方便早晚上香，也为亲朋邻里提供一个祭拜的场所。位于潮州市区春福街一林姓信众套房客厅中的安济圣王神殿（图4-19）设于1998年，殿中供奉安济圣王和大夫人、二夫人三尊神像的相片，神殿为潮州传统工艺金漆木雕，做工细腻、装饰考究，玲珑精致、庄严肃穆。

图4-19　信众居家设立安济圣王神殿

（二）揭东棉洋新厅村何兰英老人私宅设安济圣王神台奉祀

揭阳市揭东区月城镇棉洋新厅村何兰英，1967年夏季的一天到村边溪中捞蚌，意外捞到一尊石香炉。这尊香炉左右对称刻有两个狮头，狮口含圆环，正面刻"安济圣王"，背面刻"翁永盛喜"。按潮俗，凡有私人意外从水陆等渠道获得此类"神物"时，是不敢拿回家的，一般在原地敬祭一番或迎到某个非自家的处所奉拜一段时间后，再度"送"回原址，水路则继续让其顺流而去，陆路或可就地掩埋，候待其他更有缘者自然碰到再另行处置。但老人不懂这些，她出于对神物的虔诚，将香炉奉进家中，并公开让村民信众膜拜40余载。

2013年农历正月廿五日"2013·青龙古庙庙会"期间，潮州青龙庙会暨非遗相关项目展示活动在潮州电视台播出后，揭阳电视台也将其作为周边新闻播出，棉洋乡村民看到电视节目后，何兰英老人让孙子到潮州开元街一带打听是否有安济圣王的香炉失落。当确认香炉是潮州青龙古庙之物，老人遂于2013年5月6日（癸巳年三月廿七日）偕两子同侄、乡贤一行40余

117

人将香炉无偿恭送回青龙古庙。现其子孙仍在家中设坛供奉安济圣王（图4-20）。

图4-20　棉洋新厅村何兰英家中的安济圣王神台

第二节　海外安济王庙

一、新加坡安济圣王庙 [①]

新加坡安济圣王庙（图4-21）现位于新加坡西海岸，新庙于1997年建成，占地约2 000平方米，主体建筑为仿古三进庙宇式建筑，屋顶为仿软山脊与硬山脊相结合。大殿主祭座供奉着安济圣王和二位夫人的神像，以及王子太保爷/舍人爷、大圣佛祖、斗母娘以及六十太岁诸神。大殿前为拜亭，后为后殿，后院有虎爷洞（虎爷将军）。主庙宇两边为侧殿，分别供奉着福德正神（大伯公）、城隍公，并配套有玉皇大帝、青龙聚宝地、龙运桥、八角亭等，朝向西北的庙前山门牌坊。该庙源于20世纪20年代，由王东清

---

① 本小节内容部分摘自新加坡《安济圣王庙三庆纪念特刊（2008年）》，文经新加坡国立大学文学暨社会科学院中文系副教授李志贤博士审改。

图 4-21　新加坡安济圣王庙山门

君到南洋谋生时从潮州随身奉"安济圣王"香火到新加坡，并安奉于杨桃园住家供自己和其他村民膜拜。定于每年农历五月初五夫祝青龙爷公圣寿千秋。

20世纪30年代，因该处过于简陋，择定位于巴西班让七英里处一福地，建造一间较堂皇的新庙宇，同时为青龙爷公偕诸神明妆金身安奉于新庙内供众善信膜拜。据说，就在诸神明金身进庙升座后不久，忽然就有青龙爷公显灵附身于一村民陈利炎君之身降乩，在案前赐圣谕，为善信消灾解迷津，村民获益者众多。往后，村民每逢有急事要事，必到庙里请陈君开坛请神明指示。并由另一村民蔡铭和君担任助手共同义务传诤与书写圣谕。青龙爷降乩救世的消息不胫而走，远居他处的信徒也慕名前来，因而香火更趋旺盛。

据说，早期西海岸一带时常发生意外受伤或溺毙事件。但自从庙宇建成，青龙爷降乩下海施法后，长期平安无事，村民安居乐业。

每逢青龙爷圣寿千秋日，圣驾必降乩并择定吉时，引领众善信到海边游泳戏水并赐龙须圣水，此法乃为善信消灾转运及庇佑康寿之方。当圣驾戏完水后上岸时，乩童之身体好似滴水不沾。只要庙中有人奏香急诏，以捕鱼为生的乩童就会立即跳入海中，急游回庙开坛办事。故青龙爷的威灵显赫更加深刻烙印在村民们的心中。约于1960年，随着乩童陈利炎君与蔡铭和君二

119

位村民皆因年老相继作古，青龙爷降乩的活动也告一段落。

安济圣王庙落户"渔寮"50余年。其间青龙爷渡人无数，庙宇为村民联络与交流的聚集处，也曾为新加坡政要接见民众的场所。

该庙于1985年获得批准成为合法团体并成立理事会，注册成立建庙委员会，经过多年多次申请与投标，1992年，向下乡"访民情，商国策"的该国吴总理提呈请愿书。不久，遂得政府拨售西海岸一福地（现址）供本庙重建新庙。

1995年7月22日，该庙永久会务顾问曹煜英先生主持新庙奠基典礼，并展开建庙工程。建庙委员会诸理事多方奔走，涉足全岛各地，甚至到邻国著名庙宇参考，吸取经验。更自费组团前来潮州青龙古庙参香晋拜并收集宝贵资料。同时定制建庙所需神龛、神像金身、二十四孝石雕匾、石雕十二生肖、各种形态的祥龙雕塑、香炉及建造龙运桥材料等。

丁丑年（1997）五月初三日，新庙宇如期竣工，永久会务顾问曹煜英先生、名誉顾问兼区国会议员陈清木医生偕何家良先生主持剪彩仪式并在新庙启用仪式上签名见证。资深道长为众神明金身举行隆重且庄严的开光、进庙、升座仪式。

新加坡安济圣王庙建庙已有90多年，为该国历史悠久的古庙之一，装饰考究、富丽堂皇，巍峨壮观又独具一格、古色古香。信徒秉承宗旨，弘扬道德思想，延续东方文化之优良传统，互敬互爱，关怀社会慈善福利事业。

图 4-22　新加坡安济圣王庙龙湫圣水

该庙建筑以龙为主题，屋顶嵌瓷双龙抢宝，龙腾向上，庙前青龙池的巨瓷青龙及小巧幼龙，其龙须圣水源源馈赠。牌坊（山门）和龙运桥头的石雕双龙，庙后聚宝池中的五龙戏水（一石雕巨龙及四小龙，图4-22），庙前拜亭大柱的金龙横梁之雕龙，正殿内神台的木刻五彩龙、横彩（眉）的金龙、木雕金龙，神态各异，展示了中华"龙"文化的内涵。

而最具教育意义的是二十四孝浮雕（配有中英文解说）围墙为该庙特色的文化传播，是有关"百善孝为先"的道德讲堂。

该庙现有灵签五十首，为五言，且有签解。

该庙山门联为："青天碧海极目山河多壮丽，龙飞凤舞万民同庆乐升平。"主殿正联为："安邦济世功在社稷，圣德王恩福荫万民。"主殿副联为："安土保民一代功勋垂汉室，济灾捍忠千秋胙飨重瀛洲。"

二、泰国曼谷孔堤碧龙宫 [①]

泰国曼谷碧龙宫（图4-23）现位于曼谷孔堤码头附近，是孔堤及各地民众祭拜王伉安济圣王的庙宇。安济圣王泰语译为"太平神仙"，被视为当地的保护神。该庙历史悠久，现宫建于1987年，占地面积550平方米，建

图4-23　泰国曼谷碧龙宫

---

① 本小节资料由泰国王侨生、林太深先生和许秋素小姐提供并参与审阅。

筑面积 200 多平方米，庙门坐北朝南（有北背靠祖国故乡，南护泰国乡亲之意），主体是神殿，为三进潮式庙宇建筑。整座庙宇舒展大方，布局合理，装饰考究。

碧龙宫宫门额匾为工整超逸之隶书，落款是佛历 2530 年（丁卯年 1987年），宫门联是楷书："碧海蓝天远望云山添秀气，龙翔凤舞静观日月映璇宫。"正殿供奉着安济圣王王伉及两位夫人圣像，左右偏殿分别供奉土地公及齐天大圣，以迎合泰国善信及民俗。两侧有殿联："安济增辉万道祥光归紫府，圣王照耀千条瑞气贯殿庭。"

金碧辉煌、美仑美奂、颇具规模的碧龙宫现已在泰国网络上作为旅游胜地广为宣扬。其简介为：

> 碧龙宫是曼谷孔堤地区和各地方人民所恭敬及诚心叩拜的古代老爷宫，每年阳历十一月至翌年一月份，宫内有举行大众许愿答谢礼。安座在宫内的老爷名叫"安济圣王"，译成泰语叫"太平神仙"。这位老爷原名叫"王伉"，是三国时代的人，在当时是位郡长，住在云南省的南部，后来有一位边境外的将军叫孟获，常常带领他的军队来攻打云南边境，每次当孟获逼近边境时，王伉就用他的计谋，使孟获每次都无法进攻，退兵回去。孔明（诸葛亮）带领京城的兵马来到南部时，听说王伉能用计退敌，使云南边民得到保护，过着平安的日子等事迹。大家为了感恩，就建造王伉的庙宇来宣扬他的光荣历史，也留给后人纪念他。
>
> 传说有一次王伉要上天堂去朝见玉皇大帝，突然就有一条大青龙出现在安济圣王庙前，为的是要来载他上天堂。所以城乡人民就把庙名改为"碧龙宫"，同时也将"太平神仙"改名为"青龙神仙"。几百年来，当地人民如果有遇到青蛇而且蛇头有一个红色的"王"字，就马上去找石榴来给它住，并且拿鸡蛋来给它吃，同时举行礼节供大家祭拜这条青龙，这个礼节要举行整月，直至青蛇不见了才停止，这就是碧龙宫的历史由来。

该庙有灵签五十首，均为泰文。

碧龙宫有严格的祭拜仪规，拜碧龙爷的仪式为：共三十三炷香，依序是天地父母五炷香，碧龙爷、大夫人、二夫人、诸位神仙、行者老爷、本头公、太子爷、地主爷各三炷香，左右门神各一炷香。

据泰国侨亲林太深、王侨生二位先生介绍：孔堤碧龙宫原是曼谷孔堤码

头附近一片杂草丛生的沼地，旧庙是七八十年前潮籍乡亲赴泰谋生，到潮州青龙庙求得香火，平安抵泰后在这里建的一座小庙，供本人和信众膜拜，十分灵验，求拜者多心想事成，久而久之，香火旺盛。

后来孔堤码头运输事业不断繁荣扩大，因开辟道路，亥庙必须迁移，这时庙附近已发展成市集民居，人口众多，迁庙再次引起孔是地区华人华裔各界人士的关心，由热心善信人士组成孔堤碧龙宫互助社，并向孔堤码头机构租下毗近一片三角形地建新庙，该地有大路直冲，是生煞之处，但重建成现规模的碧龙宫香火益旺。

由于安济圣王王伉感应频频显灵，信众纷至沓来，每年十一月至翌年一月的答谢礼，由于还愿人数太多，只得先行登记，依序安排，可见碧龙宫香火之旺。

三、印度尼西亚山口洋市安济圣王殿 [①]

印度尼西亚西加里曼丹省山口洋市中心有一座福德祠，也称大伯公庙。正神殿中供奉伯公老爷，左侧为安济圣王殿（图4-24），该神殿共供奉九

图4-24　印度尼西亚山口洋市安济圣王殿（杨锡铭提供）

① 本小节资料由杨锡铭先生提供。

位神明：安济圣王、正位夫人（大夫人）、二位夫人（二夫人）和其他六位神明。供奉神牌与潮郡青龙古庙大致相同。

山口洋市属史称的兰芳公司，也就是后来人们说的兰芳共和国地域内，是18世纪70年代到19世纪80年代存在于南洋婆罗洲（现称加里曼丹岛）上的海外华人中的客家人所创立的一个共和国。居民绝大多数为华人，且以客家人为主体，潮州人为少数。其时客家人对潮州人排斥，所以潮州人的神也只好在客家人的神庙中成为配祀。潮州人到山口洋，也必须融入客家人，逐步成了客家人。市区商店里做生意的有不少原籍是潮州的，但也讲客家话。

山口洋市距离西加里曼丹省省会坤甸市（潮州人聚居地）只有一百多公里，坤甸市、山口洋市是该省的第一和第二大城市，两地潮州人和客家人之间经济文化交流密切。

四、马来西亚槟城安济圣王殿 [①]

槟城胡椒埕的北马潮安同乡会1968年创设的义安社神殿（图4-25），坐东南向西北，36尺长，16尺宽，供奉着安济圣王、大夫人和二夫人的神像。旅居北马槟城的潮州侨民前辈，因王伉生前为官清廉、捍卫国家、爱惜民众、功绩彪炳而仰慕，一直有将安济圣王分香分身到北马供潮属乡亲奉祀之愿望，让其威灵显赫，神恩广被，以期国泰民安。故于创建义安社之时，发出募建倡议，并于1968年4月24日（戊申年三月二十七日）落成，而由郭明畅夫人（即陈舜清女士）与王若川夫人回潮州请安济圣王香火，与圣王、大夫人和二夫人金身圣像回槟城，安放在神

图4-25 槟城安济圣王殿

[①] 本小节部分内容节选自陈剑虹《槟榔屿潮州人史纲》一书及其他有关资料，文经陈剑虹审阅。

124

殿，同时举行升龛安炉及开光大典。恭请槟城极乐寺住持方丈白圣长老主持晋殿开光奉祀，其开光法语是："圣王原是圣人现，消灾祈福是本王；光明正直咸敬仰，护国安民功无穷。圣王尊像从今开，威灵显赫现神通；福德悲智任君求，感应道交难恩议。"继而举行圣寿千秋典礼并举行联欢宴会。

义安社社联为："义路拓南疆权将灯塔为龙塔，安居同北域好把槟城作凤城。"《义安社善信同乡捐献征信》文曰：

> 凤郡奉祀安济圣王由来有自，知历朝均修大典之仪，馨香绵远；视近代仍崇宏规之制，俎豆犹新，盖感神功圣德之沛及乡庶者也。今兹北马乡人，既定居于斯邦，为追崇圣德，感沐王恩，爰有倡组义安社，塑像立阃以祀之。佥允赞成，囊金愿助，几经筹划，迨公历一九六八年戊申季春，宣告藏事，并于圣诞良辰，举行开光庆典；而堂饰堂皇，华旒垂纱，伟哉雍仪。此后或酢或酊，告丰告洁。聊输诚而结社，岂迷信以嗤哉？念诸社友或捐金伙助，或赠物敷陈，金玉姓字，直泐贞矜式，齐藉兹以征信，谨识。
>
> 公元一九六九年五月十三日岁次己酉年三月廿七日

神龛两旁是潮州宿儒蔡梦香老师的典雅工整对联，上下联分别嵌入圣号，形象地把儒家兼济天下、内圣外王的中心思想加以宣扬教化。

> 安则为之，圣由克念；
> 济而既今，王率咸归。

而由杨永谦负责撰拟、杨倬云书写的楹联则着重强调神明的神恩浩瀚、圣德无垠。

> 安民圣德乾坤大，济世王恩雨露深；
> 圣庥远被海天外，王德长垂梓里间。

每年在圣王圣诞日，北马潮安同乡会及义安社同人都以庄严隆重的仪式祭拜，不铺张，不张扬，但以虔诚恭敬之心，祈求邑人安康，国家太平。其祝文曰：

> 维　公元　　年岁次　　年农历三月廿七日，北马潮安同乡会主献
> 陪献

率同乡人善信等，谨以牲礼果品清酌之仪，致敬于安济圣王、大夫
人、二夫人之座前曰：

惟神福祉，灵爽式凭。庇吾乡会，运际升平。

时维桐月，风光晴明。初实大德，品物咸亨。

恭逢圣诞，祀事宜盛。脯面盒以献，黎稷惟馨。

恭伸祈告，肃叩虔诚。回时无厄，乡庶康宁。

烽烟不见，水旱无惊。闾里安庆，业务丰盈。

颂声齐作，敬礼周伸。庭燎将事，佐以管笙。

荐香达意，神其来歆。尚飨！

第三节　相关庙宇

一、保山武侯祠 [①]

保山武侯祠（图 4-26），位于云南省保山市西面的太保山上，是保山
各民族民众为追思诸葛亮当年平定南中叛乱而修建的纪念性建筑物，为滇西
名祠。

图 4-26　保山武侯祠（2012 年 5 月 21 日摄于云南保山市太保山）

---

① 本小节部分内容节自保山市旅游局、许秋芳主编的《保山旅游指南》及《保山市网页》。

太保山上的武侯祠建于明朝嘉靖十四年（1535），后几经毁建，1982年重修，为市重点文物保护单位。现武侯祠占地 4 500 多平方米，由前殿、中殿（过厅）、正殿组成三进两院，坐西向东，布局在一条中轴线上。武侯祠的正殿占地面积 162 平方米，是该祠的主体，本地人也称之为诸葛亮殿，大殿四周被百年大树所包围，正殿中间供奉着诸葛孔明的大型泥塑彩色像，诸葛亮塑像前方有两个书童，一个掌剑，另一个抱琴，侍立左右，神态可爱。在正殿诸葛亮的塑像两侧，右边塑有蜀汉时期的武将永昌太守王伉，左边是云南太守吕凯。诸葛亮殿成为人们景仰凭吊诸葛亮及王伉、吕凯的精神殿堂。

在武侯祠大殿内的南北两面墙壁上，嵌刻着诸葛亮的前、后《出师表》，为南宋爱国名将岳飞所书，木刻字迹龙飞凤舞，气势磅礴，表达了当年蜀汉丞相危难之中显现出的凛烈正气。在武侯祠大殿后面顺石阶而下的低矮空地，这里保存有保山历代的石碑碑文，石碑高低错落有致，历史文化底蕴深厚。

2012 年 5 月 20 日和 2017 年 11 月 17 日，研究会第一、二届理事会先后组团前往保山武侯祠拜谒王伉公。

二、福建上杭三仙师宫（城西廻龙宫）

上杭是三仙师发迹和活动的最主要地区，其仙师崇拜历史悠久，传播广泛，有众多仙师宫。时至今天，比较有名气的还有旧县钟寮场仙师宫、紫金山乌兜隔仙师祠（原祠宋时已移到上杭城西廻龙宫）、上杭城西廻龙宫（图 4-27）、南阳镇豪坑仙师宫、古田镇五龙村福仙宫、下都乡璜溪村水口宫、下都乡砂睦村仙师宫等。下面就以历史较早、规模最大、规制完备的上杭城西廻龙宫为例，作一介绍。

上杭城西廻龙宫位于县城西门，始建于清朝年间，经过几次修建、拓建，现占地面积 500 余平方米，建筑面积约

图 4-27　上杭三仙师宫（城西廻龙宫）

200平方米，为二进庙宇建筑。主要供奉上杭地方神——黄偉三仙师和魁星神、武财神、五谷仙、土地神。

黄仙师庙始于宋，"民敬畏之，立祠香炉下，且家绘其像以奉之"。宋乾道四年（1168）上杭县治由钟寮场迁到郭坊（今临江镇），仙师宫也随之建在城内西南小街。据民国《上杭县志》载：明洪武中（约1382）邑人丘胜宗募众重建。正统末（1447—1449）毁于寇。景泰初（1450—1453）邑人罗震重募建。万历间（1573—1620），改辟庙门向城上。其西仙师寿宫，清光绪季年建。原仙师宫及其寿宫，在1951年因办松香厂被拆除，1994年信众在西门廻龙宫重设三大仙师神座。2007年春，广大善男信女筹集资金对廻龙宫加以扩建。

廻龙宫有三仙师福签53条和药签100条，立有"碑记"一桢。

据说，当年建于钟寮场的仙师神庙联是："黄云洞中群仙集，紫金山下显圣灵。"现廻龙宫庙联正联是："三大仙师昭灵圣德，十方善信永沐神恩。"副联是："回峰秀气钟人杰，龙涧清光毓地灵。"殿额匾是"德配天地"。殿联正联是："三仙师靖难护杭慈怀传万古，众善信感恩兴县壮志酬黎元。"副联是："同治敕封称灵威，仙师恩泽永百世。"神台联是："护国爱民受封典千秋不朽，救难扬善显神通万古流芳。"

三、东津三师庙

东津三师庙（图4-28）坐落在意溪镇中津村的韩江江滨，该庙与西岸的北阁佛灯一江相望。庙依堤而建，坐东北朝西南，占地面积400多平方米，建筑面积120平方米左右，为一厅四房单列五间平房。厅为神殿，神殿中间供奉着黄偉三师公的神像，黄偉手持宝剑，其子左手持杯，其婿右手握牛角号，三位神像背壁均有宝剑一对。两侧附供青龙爷、土地爷，但他们的神像比三仙师明显要小得多。

庙前有一长30多米、宽15米多的半月形庙埕。庙埕近江处有照壁，左埕角设有"三师庙合境平安"石碑，埕左右边都有钱财焚化炉，其硕大足以说明三师庙香火之盛。庙虽建筑结构简陋，但由于靠近韩江之滨，风光旖旎，故与彰显三位"仙师"的仙风道骨及寄托乡人的虔诚崇敬之情甚为符合。

庙壁《三师庙碑记》："三师庙始建于清代年间，为远近善男信女信奉有名圣庙。"另据现该庙庙祝刘德生先生（现年63岁，已有两代三人管理该庙）介绍，三师庙的始建源于"水流神"。清初，有三师神像自上杭从汀江

图 4-28 东津三师庙局部

流入韩江，漂至中津河段（按潮郡民俗，对"水流神"是应让其顺流而去，让更有缘者自然碰到另行处置），盘旋久久不肯流向它方，引起村民好奇心，老辈人主张掷珓谶吉，竟一珓定音，三师宜留在中津护佑众生，村人纷纷捐资出力兴建三师庙。但不久有上杭人随船而下，发现中津三师公神像为当地所有，便恳请迎回上杭原庙奉祀，是时村民立即新刻三师神像续祀。可过了不久，上杭人又将三师神像送回中津三师庙，一时间出现了一庙二路神像的奇特现象。

据《三师庙碑记》，"原庙规模虽小，但由于布局合理，结构严谨，造型美观，尤其是拜亭石雕玲珑剔透，金碧辉煌，令人叹为观止"，但惜毁于"十年浩劫"。而于1993年在刘炎松、王英娇先生和薛张淑芳女士主持下，承蒙海内外信众因陋就简重修重光，而香火之盛不亚于当年。

1993年重修，信众自费赴上杭，在溪边一妇人当治宫的三师庙寻得三师神像，遂摄像回来雕刻神像，可惜开光几年就被盗窃，而重塑神像又因蛀身，遂于2010年再塑现神像。

每年农历六月初六为三师公的寿诞圣日，庙中有隆重的祭祀活动，每年农历七月十二日，为纪念辛亥年（1911）东津堤崩惨痛的历史，举行普度以吊孤魂。

关于庙中青龙爷，据说是为自客区护船流下韩江之青蛇而设。青龙爷一手握小青龙，一手作佑安状，神态慈祥。

129

庙有签诗 109 条，为历史上沿用的开元寺慈悲娘娘签诗。

现该庙有楹联：外庙联为"得异书以驱邪道隆石径，施玄法为保庶德迈韩江"；殿联为"金山前映香火盛，砚田后倚神光威"；内庙联为"手挽韩鳄长流水，足踞潮汕永太平"。还有门联：横联为"迎祥集福，日月光天德，云霞拥地灵"；竖联为"吉祥如意，五云皤福地，三瑞映华门。"

（本文经刘德生审阅）

四、意溪龙王古庙 [①]

龙王古庙（图 4-29）位于现意溪镇水厂北侧溪边一狭长处，面积 500 多平方米。沿水厂水池北侧拾级而下，首先见到的是正面"龙王古庙"，背面为"风调雨调（己丑年立）"的庙碑，庙碑以下的斜坡中间塑有一大型棋盘。进入庙区，第一区域（第一进）前面是大型弥勒佛造像，其背景是双龙抢宝；第二区域（第二进）是九龙池，九个龙头造像齐向池中喷水，寓意是九龙归大海。而九龙池中的一大型龙柱，一条青龙盘旋于柱上，池中的鲤鱼跃跃欲试，寓意"鲤鱼跃龙门"。

图 4-29　意溪龙王古庙

[①]　本小节资料由曾祥老师协助调查、提供。

第三区域（第三进）是正殿所在的区域，额匾字为"龙王古庙"，上方是青龙画像，其侧照壁也绘有青龙造型。壁联为："兴云吐雾腾宇宙，隐介灭行伏波涛。"巨幅双龙像之上方，又有一绘有青龙盘旋蜿蜒态的画卷，画中有青蛇盘踞石榴花树。

龙王古庙正殿坐东北朝西南，面积约13平方米，为水泥平顶结构，殿中供奉着"龙王公"，两侧为花公花妈和福德公妈。庙联为："江横门前龙吐玉，树参天际日流金。"殿前左侧有两条小青蛇的雕塑。左右庙柱有目前见到的最大一对龙头杖香茶炉。庙近江边处有鲤鱼的大型塑像，憨厚可爱，与昔年南门青龙古庙的鲤鱼石应有相同寓意。

据当地人介绍，此庙有200多年历史，是韩江水道鼎盛的产物，昔时意溪是三省二十四县杉木竹的集散地。《意溪镇志》载"意溪堤顶铺户林立"，是潮州府韩堤最大最旺的堤市。从客区顺流而下，以船舶、竹排、杉排有青蛇负舟而下者为吉祥、安全之象，故建此庙一为护堤旺市，二为颂扬青蛇护舟之功。

龙王古庙原建在现水厂水池处，建筑面积与现有水厂南面的天后宫相仿（约100平方米），庙左右各有一榕树，传说是一公一母，可惜"文革"中庙毁，建水厂时公榕树又被砍除，现仅存一残缺之母榕树，但从其苍老的树貌中，可以略见历史之久远，而从其坚韧的新芽中，又可观察出勃勃之生机。

龙王古庙历来为意溪民众信仰之庙宇，香火甚旺，长期以来，多有青蛇光临古庙。乙亥年（1995）七月十三日该庙来了一条青蛇，蜿蜒久留，不愿离去，人们以石榴枝给其攀爬，打开鸡蛋给其吮食，引来众多信众膜拜，古庙热闹场面难以形容，有人还将青蛇相片作为祭奉偶像。而此前，时有青蛇来到龙王古庙，只是以前没有乙亥年这样引起人们的重视。现庙中的装饰，都是为再现历史上青蛇光临的情景而设计。

每年的农历八月十五是龙王古庙中龙王的寿诞，周围的信众都会备三牲、水果、荐盒等贡品前往祭拜。

五、马来西亚新山柔佛古庙 ①

位于新山市直律街上的柔佛古庙（图4-30），是潮人殷商陈旭年于1870年扩建的。始建时间有1810年和1870年等说法，古庙坐北朝南，前后长41.97米，左右宽24.66米，总面积约1 035平方米。为三进带从厝的潮式祠宇式建筑物（新山现存仅此一座），前有庙埕及围墙。该庙现由中华公会管辖，由柔佛古庙管理委员会负责庙务，于1994年举行修复古庙开工大典，至1995年底竣工。1996年10月20日（农历九月初九）举行众神回庙登位及开光庆典。

图4-30　马来西亚新山柔佛古庙山门

正殿神台上供奉着元天上帝、感天大帝、洪仙大帝、华光大帝和赵大元帅，分别由新山五帮（潮帮、客帮、福建帮、广肇帮和海南帮）供奉。庙中还供奉观世音菩萨、风雨圣者、速报老爷、皇令官爷、虎爷将军、天公、师爷、英烈千秋圣爷爷、金童等神明。

据马来西亚本地学者研究，柔佛古庙的香火是从陈厝港灵山宫请来的，而灵山宫玄天上帝的香火又是从潮州浮洋大宫请过来的，其游神的俗例和规

---

① 本小节部分资料由马来西亚安焕然博士和陈再藩先生提供，并审阅文稿。

矩也源于潮州。柔佛古庙最大的特色就是一年一度的游神盛会，于每年正月二十日至二十二日举行，但从正月十八日已在神厂举行亮灯仪式，十九日游行，二十日众神出銮，二十一日晚上夜游，环游市区各街道，二十二日众神回銮。出游的顺序按传统规约，走在最前面的是由海南帮护驾的赵大元帅，次为广肇帮的华光大帝，随后相续是客帮感天大帝和福建帮洪仙大帝，最后是潮州帮"压阵"的元天上帝。正月二十一日晚上的神明游街，从行宫出发，绕新山市区一周，全程长达十公里，整个游行需六个小时。当晚，观看游神者多达几十万人。这样雄伟的场面和规模庞大的人潮，全马唯独新山有。

古庙有史以来，游神从不间断，只有日治时期停办一年。相传游神庙会是华族庆丰收答谢神恩及祈求合境平安的节日，同时也吸引了当地印度人等的参与，因此也成为族群团结和五帮共和的载体。古庙已是马来西亚新山华族标志性建筑"一山一校一庙"中的"一庙"。

2012年，柔佛古庙的游神获列为马来西亚国家非物质文化遗产，马来西亚首相纳吉布还亲临当年的百年游神会现场观礼。

对于新山的游神，中国大陆学者誉其为"新山华人历史的活化石"，中国台湾民俗专家将其定为"台湾妈祖庙会之外，世界最大的庙会"。

1. 敬神规

以古庙游神为例，其仪式先是集体膜拜仪式，接着敬茶、诵读祭、上香、献粿品、献三牲、顶礼。礼毕，祭文置炉中焚烧。敬品、祭文如下：

伏日吉时　天地开庭
立案焚香　直升天庭
虔诚祈求　神明驾临
神明赐福　我国全民
奉请玉皇大帝，三元赐福
一敬香、再敬香、三敬香
献粿品、献三牲、敬茶、敬酒、敬财宝
全体弟子，双手合十，虔诚向柔佛古庙元天上帝及在位神明，祈求保佑众善信合境平安
吉星高照　万事顺昌
财源广进　四季安康

神恩浩大　有求必应

风调雨顺　国泰民安

全体弟子向诸位神明行三顶礼：一顶礼、再顶礼、三顶礼。礼成。

2. 敬神祭神时间

从农历正月初一日的迎春接福至农历十二月廿三日的众神述职，送神共有 30 个敬神日，祭祀庙中供奉的所有神明。

3. 柔佛古庙的文化遗存

（1）牌匾。共有 20 多屏，立匾年代从 1870 年至当代，内容广泛，包括"总握天枢""神通广大""北极增辉""同沾帝德""极德咸沾""万古威名""佛光恩济""威庇柔邦""感天大帝""藉赖帝德""泽惠南邦""速报老爷""有求必应""神光普照""显应威灵""光昭海外""洪仙大帝""皇令爷爷""柔佛古庙千秋""酬谢神恩""柔佛古庙""威灵显赫"等。

（2）柱联。山门对联："恩施南溟，惠及万民。"庙内正殿柱联："泱泱古庙镇南岛，阵阵族魂兴马邦。"

（3）专著和文章。主要有：新山中华公会柔佛古庙修复委员会编印《柔佛古庙专辑》（1997 年），舒庆祥、陈声洲编著《柔佛古庙百年游神照片汇编》（2010 年），安焕然《从潮州游神民俗到嘉年华会——马来西亚柔佛古庙游神的演变》[载陈春声、陈伟武主编《地域文化的构造与播迁：第八届潮学国际研讨会论文集》（2012 年）]，黄挺《潮州游神赛会的传统及其在海内外的传播》（《岭南文史》2012 年增刊第 1 期）。

第五章　庙事活动

第一节　神像和香炉

一、敬奉的神像

青龙庙现是以敬奉安济圣王王伉为主的庙宇，而敬奉的神有安济圣王、大夫人、二夫人、大舍人爷、二舍人爷。

三仙师公：①黄师傅（传说是太上老君转世的化身，故人称"仙师"，晚号七翁）；②黄继先（黄师傅之子，号十三郎）；③倖成（号八郎，拜仙师为师，招赘为婿）；④娩娘娘（附神鹿）。

圣者爷（无神像，有神炉，昔有牌位和圣者亭）。

福德老爷及夫人（土地爷公、土地爷母）。

天恩公、地恩母（无神像、有神炉）。

进士爷（无设神像和神炉）。

举人爷（即谢少沧，有牌位，无设神像和神炉）。

以上共18位神明。昔时还有吴府公和保腊娘娘两立。

吴府公神位是为纪念清道光年间潮州知府吴均而设的。（传说，在洪水迫城危及百姓求天不应时，他将官袍撒入韩江，江水遂退，城郭黎民得以保住。神位最早置于东门楼吴府公撒袍救城的地方，后移至天后宫）牌位曾寄祭于青龙庙，后奉回天后宫。

保腊娘娘是妇女产育的保护神，今湖山安济王庙等仍有其神位。

二、设置的香炉及香筒

拜亭炉案设置香炉5尊：安济圣王（包括大夫人、二夫人）、三仙师公、圣人爷、花公花妈、福德老爷夫人。

135

拜亭两侧左右亭柱各设一门神香筒。

天公亭设置天公炉。

第二节　敬神品

一、钱财

大钱（也称皇宝）三副，福钱三副，元宝十二个，香二十支，烛一对，为敬神必需品，在此基础上，可随喜增加，常用的是大金，以千张为起点。装钱财宜用竹制之篰（竹谐“德”，篰有“圆”之意）。

二、礼品

贡神之礼品，有水果、鲜花、荐盒、三牲等。

（1）水果类：蕉（香蕉、米蕉等），梨（各种梨均可），橘（潮州柑、蜜橘，凡橘均可）为必备。以上三者有“招来吉”的谐音和含义，其他四时水果多可作贡神之用，如葡萄、苹果（但也有因“苹”谐音“贫”不喜欢使用）、香橼、杨桃、林檎、龙眼等。

鲜花：无甚禁忌。鲜花只要无贬义的，都可用来敬神。也有用塑料花代替，以莲花形为多。

（2）糖果类：以荐盒为最常用，也可增加饼干、糖果、面包等，高档的有糖狮、豆狮等。

（3）动物类：平时三牲多以猪、鱼、“三鸟”，墨鱼脯、鱿鱼等也可顶替。安济圣王寿诞和巡游吉庆日则需五牲：全猪、全羊、雄鸡、大鱼、大鹅等。

（4）粿品类：红桃发粿为最常用，除夕可用鼠曲粿，端午节期间还可用粽球、栀粽，甜粿是安济圣王寿诞和游神时宫内必备之品。

（5）爆竹、烟花类：皇鞭、爆竹串、枪脚、火箭、礼花……以至大型组合烟花。

现在每年都有新的礼品出现，只要无忌讳皆可。

三、大龙贡香

香阵为潮州青龙古庙一大特色，正月青龙庙会期间，燃放的大龙贡香有3 000多支，大龙贡香本为钱财类，因其特殊性，而作专题介绍。

大龙贡香为香中之极品，长度有1.2～3米多个规格，最长的包括香杆有4米多。大龙贡香每根重数十斤，故搬运贡香，更替贡香，穿梭于密集的香阵之中是高温作业，既是体力活，也是功夫活。

四、龙袍

龙袍有潮绣龙袍与纸本龙袍之分。潮绣龙袍（图5-1）在每年十一月初一择吉选出吉日更衣一次，作为礼品喜敬机会少，支出也大，故绝大多数敬袍的信众，多选择纸本龙袍。

纸本龙袍（图5-2）有三套，分别为大老爷安济圣王、大夫人、二夫人准备。

安济圣王龙袍，底地为青色云状，上斜襟圆领暗档。全袍有龙三条，前身胸前为龙王图案，两袖各有一条龙，袖口为白色，下部为鲤鱼莲花图，底为波浪状图案。龙冠为金色帽冠，上缀泡珠、绒缨等饰品。龙靴为长筒黑色白鞋底。长寿枕为纸质金色串钱卷叠成内胆，外以福禄寿开放式罩包装成枕头状。

大夫人与二夫人的龙袍图案为双凤护龙，凤冠、凤靴、长寿枕图案式样均与圣王龙袍大体相同，只是大夫人的衣冠为正红色，二夫人衣冠为粉红色。

庙中供奉的神明皆有纸本龙袍。

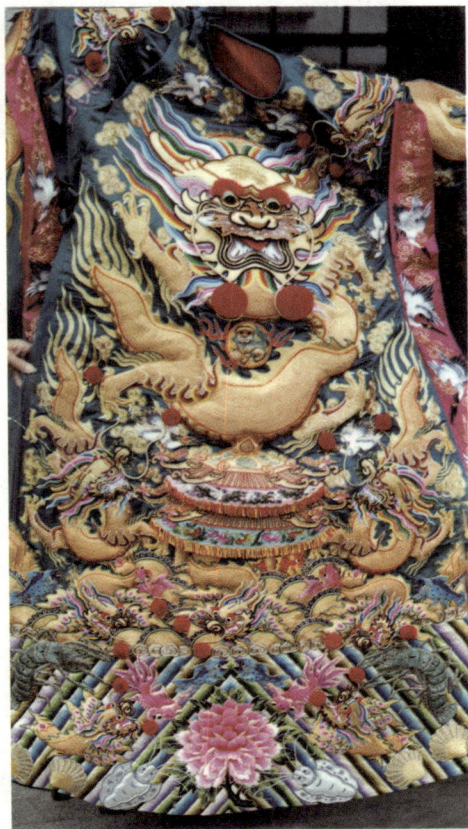

图5-1　入宫的安济圣王龙袍（徐壮辉提供）

137

图 5-2　安济圣王、大夫人、二夫人纸本龙袍

五、随喜功德

钱币是膜拜者对圣王特别表达的崇敬，或对庙内建设项目的善款，或求佑大老爷谋事、生子喜敬，又或是在"有求有应"后的答谢项目喜敬，款额不限。

第三节　敬神规

一、敬神准备工作及案台设置

（1）庙内外环境整洁布置就署。

（2）神殿前祭台设置：正中间圣炉、香茶炉（一套）、大橘、茶（前）酒（后）各三杯、斋碗三个，两端香塔、神灯，红花水一碗。

（3）供桌放置礼品，主要是五贡（锡制神器）、水果盘、荐盒。

（4）主事人、主持人及庙务人员各就各位。

二、敬神流程

膜拜者祭拜之前需备好必备钱财，如有礼品，先陈列于拜亭供桌上，然后按此程序：点烛→进香→拜天公（天公炉上香三炷）→拜门神（拜亭左右门神香筒各进香一支）→依序在大老爷（包括大夫人、二夫人）、三仙师公、圣人爷、花公花妈、福德老爷神炉进香各三支→献上钱财→化钱财→回拜亭三拜以示礼毕。

不论仪式多复杂，以上规矩必不可简。不论数量多少、档次高低，必备神品不能减少，只可增加。

第四节　敬神日（农历）

一、正月初四日（接圣驾捧杯择吉庆日）

（一）接神驾前庙事活动

上午八时半，祭台按敬神品加红糖、黑豆、软糕及纸鹤、纸马、红绳各二十四副，庙务人员按敬神规定流程祭拜，预祝圣驾降临坐位顺风顺水。

（二）仪式准备工作

（1）庙内外环境整洁。

（2）祭台设置：正中间圣炉、香柴炉（一套），两端香塔、神灯、大橘（三大盘），签筒、圣珓盘（内须放红花、大橘）、红花清水瓶、茶（前）酒（后）各三杯、干饭三碗。

（3）供桌放置礼品：五贡、水果盘、荐盒。

（4）主事人、主持人、掷珓人（由德高望重之长者担任）、抽签人及庙务人员各就各位。

（5）参与者按敬神规完成流程。

（三）仪式开始

潮州大锣鼓班在庙前开吉喜庆，鼓息司鼓鞠躬致谢。

参与者按敬神规完成流程，祭拜礼毕。

（四）第一程序，接圣驾降临坐位，恩赐吉珓

（1）主持人上香三炷，点醮红花清水净祭台和庙内外。

（2）主持人率全体人员三跪九磕首，祈求大老爷圣驾降临坐位。

（3）主持人手持签诗筒，加进少许香灰以示神鉴，并点醮红花清水净筒；然后奉上圣珓盘（珓盘中有红花、胜珓）拜过圣王，再奉珓移步古庙前埕，接受天地司监，毕回祭台前交掷珓人，掷珓人授珓三拜（全体同拜）并以吉祥语祈求圣驾降临，后旋转多次掷珓，胜珓一珓为定，阳珓或阴珓则掷至胜珓为准。

（4）主持人接圣珓后奉回殿前，宣布"圣驾到"，鸣炮贺圣驾降临坐位。

（五）第二程序，择吉庙会喜庆日

（1）全体三跪九磕首。

（2）主持人将圣珓盘交与主事人，由主事人指定人掷珓。

（3）掷珓人接珓三拜后，虔诚祈求圣王赐吉，从农历正月二十四起，胜珓一珓为定，二十四无吉日则往后推，但不能超过正月。

（4）主持人宣布吉日择定，鸣炮以示礼成。

（六）第三程序，求年运平安签（合郡平安签）

（1）全体三跪九磕首。

（2）主持人将签筒交与主事人，由其指定抽签者。

（3）抽签者接筒三拜（在场人员同拜），口中念吉祥语，虔诚祈求圣王赐上签，抽签以一次为定。

（4）得签后，主持人致祝语：合郡平安，海内外平安。

（5）鸣炮礼成。

二、正月初七日（大夫人圣诞吉日）

正月初六日晚上十一时前鸣炮祝寿，祭拜，迎大夫人寿诞，其余仪式流程均与安济圣王诞吉日相同，无演戏和放烟花。

三、正月吉庆日（青龙庙会——安济圣王巡游）

庙会前一天先"安路"确定巡游路线，三天"营大老爷"的主要规制有：

第一天，龙时锣鼓和舞狮启祥，按敬神规拜过殿，驾移神台。其一是供各社请香火，善信参拜；二是受戏班拜请戏神并观赏演戏（庆仙）；三是为巡游作准备。夜间，庙前燃放烟火，点亮灯火、花灯，俗称"头夜灯"，城内与之呼应的是亮灯、各社神前演戏，花灯锣鼓班按自定路线穿街过巷赛灯。

第二天，白天筹备夜间巡游、善信参拜，晚十一点起马炮鸣响，巡游队伍启动，序列是：火把→马头锣→"肃静""回避""敕封灵威安济圣王牌"→灯笼→香柴炉→安济圣王（八宝护驾）→大夫人→二夫人。各序列队伍间配入锣鼓班，按路引巡游全城。庙前及城内灯火与头夜相同，俗称"二夜灯"。

第三天，巡游全天候进行，至晚上十一时左右圣王回銮，拜上殿。当夜，庙前及城内灯仍如头夜，为"三夜灯"。

四、三月二十七日（安济圣王圣诞吉日）

三月二十六日晚上十一时前鸣炮庆圣驾寿诞，祭台、供桌与正月初四日相仿，少了珓盘、签筒，但供桌必有长寿面，仪式流程是：

（1）鸣炮。

（2）庙务人员集体按敬神规程依次进香，膜拜。

（3）正殿进香柴。

（4）戏台演戏，潮剧或投影播放喜庆节目。

（5）鸣礼炮，放烟花。

三月二十七日全天至晚间，青龙庙供民众祭拜。

五、六月初六日（三仙师公圣诞吉日）

上午八时半在三仙师公殿前祭拜三仙师公，庆圣诞吉日，仪式流程与安济圣王诞吉日相同，无进香柴、演戏和放烟火。

六、六月二十六日（福德老爷神诞吉日）

上午八时半在福德老爷神台前祭拜福德老爷，庆神诞吉日，仪式流程与安济圣王诞吉日相同，无进香柴、演戏和放烟火。

七、七月初七日（花公花妈神诞吉日）

上午八时半在花公花妈神台前祭拜花公花妈，庆神诞吉日，仪式流程与安济圣王诞吉日相同，无进香柴、演戏和放烟火。

八、七月十五日（祭拜孤爷）

当天本境（青龙庙）各路口、江滨及青龙庙巷头挂五色吊钱。

午后，请道士举行普度法会，祭拜孤爷。普度的众生包括历代为国捐躯的壮士及一切亡灵，然后按潮郡习俗为孤爷化小金纸，施食，如撒米，拜水果、饼食等；祭拜男女大小孤衣及各式日用器具。

九、十一月初一日（捧珓择日为安济圣王、大夫人、二夫人举行更衣庆典）

仪式流程与正月初四日"掷珓择吉"相仿，但换袍吉日已预设定两个，供掷珓择其一。

十、十一月吉日（安济圣王、大夫人、二夫人更衣庆典）

当天庙内外敬挂安济圣王、大夫人、二夫人纸本龙袍。

上午七时，按敬神规程祭拜安济圣王、大夫人、二夫人。礼毕退神位，然后全庙以红花清水洁净。

八时闭门关窗。大老爷沐浴更衣，禁女人进入（昔日，须由"祖父级"男性参加，并需以红花清水洁身）。

继而，依次为大夫人、二夫人沐浴更衣，禁男人进入（昔日，须由"祖母级"女性参加，并需以红花清水洁身）。

更衣毕，十二时前按常规拜上殿。

午后一时，举行安济圣王、大夫人、二夫人更衣庆典。

庆典仪式按备敬神品、敬神规程举行。其间，增加敬献工艺品神袍、化袍等环节（图5-3）。仪式结束后，鸣炮以示礼成。

化袍时，圣王、夫人神袍须严格分开，且须整袍展开投入化炉。

图 5-3 化袍

十一、十二月初七日（二夫人圣诞吉日，暨信众谢恩、敬晋众神公神袍吉庆）

当天的神事有二：

（1）二夫人圣诞吉日按大夫人圣诞吉日规程举行。

（2）敬晋众神公神袍吉庆，全庙挂各种神袍。礼仪即在敬神规程中插入敬献神袍、化神袍程序，毕鸣炮礼成。

（3）接受信众还愿、谢恩。

十二、十二月二十四日（恭贺圣王及诸神升天）

上午八时半，按敬神品祭品加红糖、黑豆、软糕及纸鹤、纸马、红绳各24副，庙务人员按敬神规程祭拜，恭贺圣王及诸神升天顺风顺水。

十三、每月初一日（正月初一日、十一月初一日除外）

正月初一日，安济圣王尚在天庭，不设拜，信众到庙中接财神。

十一月初一日是捧珓择日，为安济圣王、大夫人、二夫人举行更衣庆典。

其余月份初一日，庙内按敬神规程祭拜，信众在这一天到古庙"拜平安"。

据古庙见证人称：昔时，青龙庙敬神日还有农历每月的十五日，后已简化，但忠节坊三界庙安济圣王殿仍延续这一规制。

第五节　灵　签

潮郡青龙庙有签诗 64 条，与《易经》的 64 卦数字相同（传说是为对应而设），另外有一条罚油签。以下是现在庙中使用的签诗复印件及善信争睹吉祥签场面：

图 5-4　马来西亚槟城安济圣王殿的罚油签（马来西亚陈剑虹提供）

安济圣王灵签

一（上上）
萬事莫作等閒看
獨然君子拂攞擻
萬古萬緣天注定
巍巍獨占第一白

二
古卦經書
占果不近天
須如明時莫謂
清時書卦弯狀元

三
一殘棋頭近天
何經頭好不負
免慈榜收人拾
用朝...歸是家去

四（中吉）
古殘棋欲罷時
正向經營度身
莫定許浮生機
來春祥運通亨

五（中吉）
魚入海洞中
轉為猿便把村
潚為朝經陰日逄
春祥生度此功積山雨

六（中吉）
村便市中
是何度誠此村
非用莫誠陰得夫
聽馬然問得星
久功出此卜徒

七（下下）
江迢遙
水若人
泉不鳥山
地逢功名
勤時久别崎
馬行去也離嵋

八（中吉）
案上銀燈
到束寒合疑夜
束不鳥凝朗光
萬知郎西衣
雅綠得...女

九（中上）
近來
銷意却得新凡事
金得到存又登
帳丙前方得初
聽瀾...歌意酬阮

十（中平）
一聲
心夢暗室
無醒思曲白日
話收細情卜天
詳平却安寒門

十一（中下）
結交
臨地謀作坏
期利清諸真
怨和謀大見
悔淘雜事合君子

十二（中吉）
頭石環方
當不徒沙北去
用將淘始千
時盡由古
便由何好全年
心陰見金玉

十三（平平）
南來
得陰何里馬去
安地不萬幾
處且心千年
恐萬玄全
然好家家

十四（中上）
久隱
從相逢時寂
此逄山寞
菜門設冷家
福就寬主
祿仙玄常梁
家好和家

十五
妖亭
但不英吐梁
看須雄子光
將君右大
軍奏心陸
中凱夫
度力當

十六（中吉）
收拾
幾出却如裝
日門懶欲
夫着歸路
做涛綠...
成雨田程

第五章　庙事活动

安濟聖王靈簽

十七（下下）
一度新春一度花
那有工好種花
尖咀人無口實
東家還道又西家

十八
狀氣飄飄飄飄
醉人氣馬狀氣橋
男兒勒死皆由命
咬定牙根此一遭

十九
知君豪杰播英
欲往君方得群仙
但見驊騮方獨步
任君萬馬莫爭先

二十（中下）
一度新春一度花
光陰情須改一華
本來性急須料酌
莫到心頭一跬差

二十一（中吉）
一葉扁折一度江
萬萬飄舟浪翻翻
日下繾綣多險阻
暗中神恩保平安

二十二（下下）
狂風拗章苑柳柳
驊雨推閣極苑花
寧負今朝蝴蝶子
勞碌翻翻逼天涯

二十三（中吉）
評今論古見常初
除却龐似玉若無
計就月中偷玉兔
消息通時便不難

二十四
君在東京在南
孤西兩地長機關
分明有個長生路
謀成玉兔促金烏

二十五（中上）
因夜夢亂紛紛
心懷多夢氣不清
惟至誠心來問卜
保君萬事得安寧

二十六
往偶謀心心先懷
今推偶侶多與非
人扶推君上清塞
我來扶你上天梯

二十七（中中）
蝸角功名戀取
蠅頭微利爭寸先
但存心地行莫爭
到底方稱積善家

二十八（下下）
高峰石上戀泉取
却怕林上火與水
虛曾把場在家力
不如却收拾場中

二十九（上吉）
今日時運亨通
福命迎門喜氣從
勘破營誉皆由命
滕閣閑遠退英雄

三十（中吉）
船灘運舵稍自雲
原來自有把梢人
任教碧波翻活島
心平時浪退英雄

三十一（中下）
克履薄冰常依稀
清淡依舊人極得
欲望除信古活計
財多害己古人題

三十二（中中）
人功名在异鄉
懶書書信勞念康
日圓月缺后勞念
直到清明節時

三十三（中下）
鳥被鷹難再復
魚歸大海永無回
不須君自強求紲
虛費工夫拍手歸

三十四
熊羆葉古奇兒
間到伊家眾生古
一喜自伊清百福
門庭從此大光輝

三十五（中下）
鑿水葉古古奇
鑿石取火何曾有
常嗟自山家眾難
忽然開言告人難

三十六（中下）
門庭有有總雲雨
六畜興火災未息
自是田園復正久
何須響去後求時

三十七
花正開時雲遮
世間常有不知雨
抵得人好消息
相逢相喚醉多時

三十八（下下）
花正開時夜雨
片雪雪連險雲遮
逢花遇酒多疑阻
何用區區再問津

三十九
提槍打虎欲心齊
當休休虎且本性
誰知謀為自終意
得安然處處安然

四十（上吉）
雀屏開盍堂前
誰英雄君月手仙
多少英雄君子德
任教人棄眾月中

四十一（下下）
綉棹未許招凰
休得相圖結鳳凰
惟恐狂風不驟雨
淒沱打散不成雙

四十二（下下）
處末將枯欹歙計
非那頭來飛歙心
事知那個是渾夢
不可問個是平安

四十三（下下）
只門栖在枯樹宿
愚懣不提刀欹頭
伊面面相知莫去
歸來空手破門蘆

四十四（中吉）
春主蛇怪哉宿
騰三步蛇非真來
出掩定步枯欹坐
不歸經官欲損財

四十五（中中）
看伊君告怪哉
何好將理紛門紛
曾見古人一句話
如今且做一番人

四十六（中吉）
任計較安排
命將原來用辛
可歎古人一句話
洗風雨一夜點來

四十七
一波渡江波行人
崎嶇險阻來安行
人信古去阻相見
感得天恩再復還

四十八
春凡事事奈疏疏
夏芳經凡也奈何
直到到菲非放後
定然發達連須夾

145

安濟聖王靈簽

四十九	五十（下下）	五十一	五十二	五十三（中下）	五十四（下下）	五十五（中平）	五十六（中中）
鳳凰必產鳳凰芽 莫道本來無豎種 男兒立志要規模 學不成名豈丈夫	正月將提刀落斧時 是明軍權弄間時 撲撲未許戈 兵門山戰機	在眼前明暗何曾識好人 分明暗裡許多方便行 前山有路更分明 若問南山高前行	分明賣買但存子 將馬究竟望功名 賣劍牛期望益子 君有子方便耕地	謀作萬為禍來尋主 世間當自誤皆由人 水有白源頭 換莫有益因	一言吐出須悔雖追 閒口煩籬永不回 水流西樓留不住 月墜臺終不住	算來亦無工夫 踏破草鞋費尋處 誰知容得時念姑蘇 不出容門旅途	喜得平便足歸 誰知飛膽臺命須 兔走前命須一 明鏡由史書

安濟聖王靈簽

五十七（中下）	五十八（中吉）	五十九（中下）	六十（中下）	六十一	六十二（下下）	六十三（中吉）	六十四
豐衣足食至明時 期望田籬暗時收拾後 更須兩畔可扶持 高剛空安居	滿船空載明月歸 獨放小舟長散綱 只恐君家力齊 長江好作釣魚機	守有份開懷用藥 誰來知用聽勞自然 一紙書信亦封賢 降日邊	莫到中之凡羞悔遲 為人持下知機 刀劍相持手先 馮信門路機	魚鱉東西信有書門 華光海能爭回 若問君來不能 來	城門失火罪池魚 楚國恰鮑老送伐木 休惡相停將怨 恰如艾兼程	母子錢成思窮 君臣藥發愈腎用 各人衰散進前程 暗將嘆怨	萬事分明大吉昌 至滅爐然心無曲 何用明燈何須香 前借問何忙

图5-5　灵签

图5-6　善信争睹吉祥签场面

潮郡青龙庙

第六章　青龙庙的建筑与工艺

第一节　建筑结构与特色

古青龙庙毁于 1966 年 4 月，1994 年的重建基本是在原址上恢复的，但由于时代的变迁，设计理念、建筑材料和工艺的演进，新庙与古庙存在差异是难免的。因此，本节内容将古庙与新庙分开叙述。

一、古青龙庙的风貌与构筑特点

关于古青龙庙的原本建筑风貌，除几件残存构件和一张网上署名"潮州老相片"发布的可能是古青龙庙照片（图 6-1，经多位见证过古庙的老人确认为青龙古庙部分原貌）外，没有发现其他老照片和石碑等文字资料。因此，要准确地了解古庙原风貌，只能依靠知情者对历史的清晰口述。有鉴于此，笔者采访了多位古庙的见证人，根据他们的回忆，如实作了汇总梳理。下文分两个时期作扼要的描述。

图 6-1　古青龙庙〔待考，"潮州老相片"提供〕

147

（一）"堤庙同高"时期

"庙跨城南大堤，当韩江之冲"（清乾隆《潮州府志》），这是志书对青龙古庙位置的准确记载。但古庙是"芦花白石奠（垫）平土"（见光绪十四年《海阳县志·风俗》），昔日的青龙庙是在一片荒芜的江边滩涂上慢慢用沙石垒起而与南堤同高的一块平地上，从一座小庙开始，经过漫长的建设过程，形成了以庙体为中心的庙区（图6-2）。庙在堤上，庙前是宫前埕、天公炉、女儿墙（防洪堤墙），庙后是宫后埕、神台、戏台、八角亭、山门等。其布局大致是：老庙坐西向东，是由拜亭、前殿、后殿组成的三进带厢房的神庙建筑，庙体与前面的天公炉、后面的青龙庙巷，同在一条中轴线上；庙向外的进出口是南北两条"从厝巷"（潮州方言中指一座院落中将主体建筑与外侧成排厢房分隔开的通巷），从这里可直接进入青龙庙巷，也可折向南北出入堤顶。而从青龙庙巷口进入老庙，首站为"八角亭"（也叫圣者亭，据说是钦差宣读圣旨的地方），然后是宫后埕。宫后埕北侧为神台，是每年老爷出巡从宫内上马准备出游的临时銮殿，堤墙形成后，若逢洪水侵宫时还可供老爷用作临时安居之地。神台的对面是戏台，为每年巡游及老

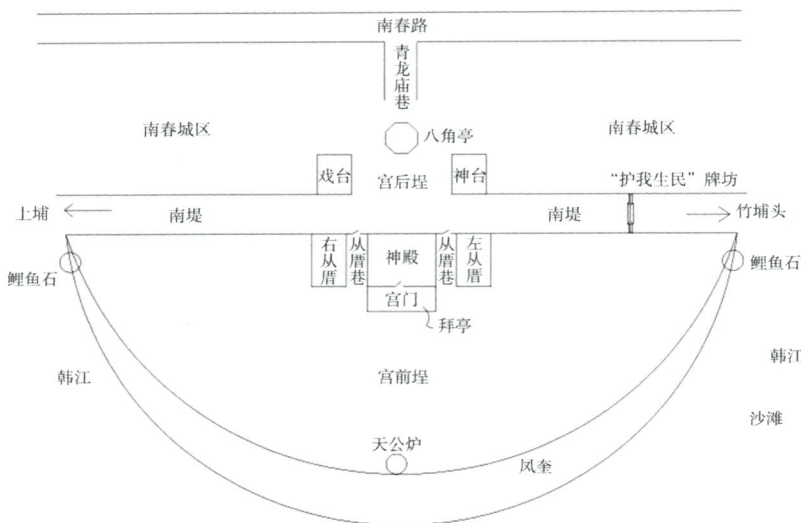

图6-2 "堤庙同高"时期的青龙庙示意图

爷寿诞演戏之处。与古庙毗邻的是南堤堤市（与意溪坝街、北堤堤市的作用一样）。而从"竹埔头"方向进入老庙，在距庙体 20 多米处的南堤，立有一"护我生民"的石牌坊，被视为青龙庙之山门，与宫门成 90°角，坐南（偏西）朝北（偏东），有护佑东北方向的潮郡子民之意。

以上是"堤庙同高"时期青龙庙的概貌。

（二）"堤高庙低"时期

随着韩江河泥的不断淤积、河床增高，原来南堤 12 米多的高度已不能适应防洪的要求，堤体必须相应垫高，但庙区的地平不变，遂慢慢形成了这个阶段青龙庙的外在风貌（图 6-3）。

庙区两侧的南堤不断垫高，后来达到一丈多高，庙区最早受影响而被拆除的是"护我生民"山门牌坊，但古庙却不能动，堤也不能有"断档"。如何解决这一矛盾？潮州人终于想出了把南堤庙区段向东缩窄成堤墙的做法，达到既保住古庙，又不碍防洪的目的。经庙区来往南堤的人们就能借助两侧之石台阶顺畅通过。堤墙很坚固，下部以石条循丁字形砌筑，上部砌青砖，与潮州明城墙的构筑模式相似，堤墙两端的堤顶则横向砌以高墙，墙顶嵌上

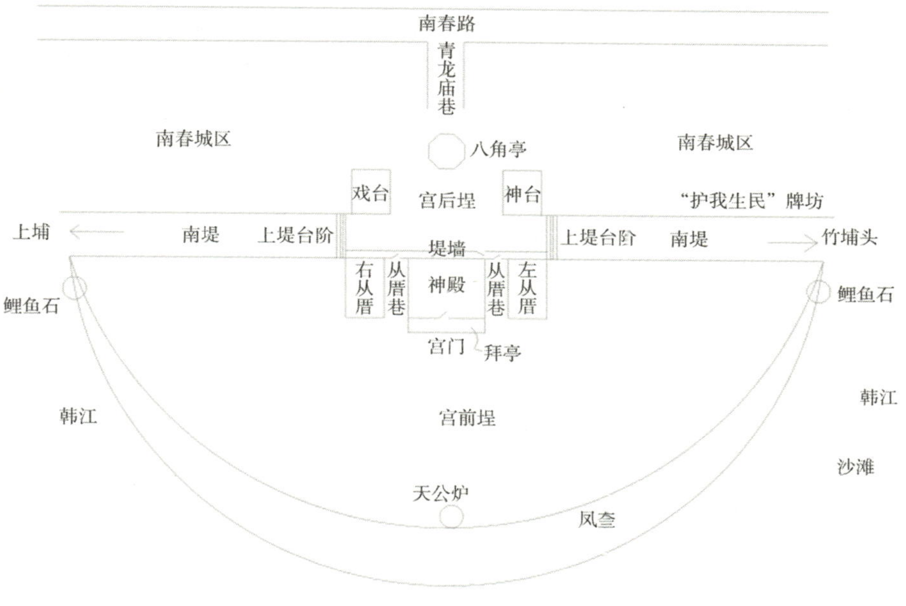

图 6-3 "堤高庙低"时期示意图

碎瓷片，以防人从堤顶攀爬入古庙，也恐人失足跌进庙通巷，杜绝安全隐患。堤墙北侧有一个一米多宽的竖方形门洞，是进出主庙区的唯一通道。该门洞与古庙右从厝巷成直线（此时左从厝巷也只能绕过宫后巷经右从厝巷出入）。右从厝巷西畔的门额匾是"青龙古庙（清乾隆甲寅年阳月）"。门柱内侧有凹线，是为洪水行将浸宫供老爷移出神台后插入挡水板而设，与现在的东门、上下水门的挡水设置一样，只是规模小得多。

出了右从厝巷，就到了庙区，庙区的两侧是茂密的竹林，庙体两侧的南堤有茂密的古榕树护堤。北厢房设三仙师公殿。南厢房是官厅，里面供奉着圣者爷和谢少沧的牌位。

宫前埕的临江处，矗立着由整条圆形大石条托起的天公炉。天公炉前方的女儿墙前边，有100多平方米的"洼地"，终年水色碧蓝，人们称其为"凤奎"（"奎"为潮州方言，意谓禽类的嗉囊），位置大概在现庙主体拜亭前。传说此处是两位夫人洗缠脚布的地方，一年四季即使是大旱时也不干涸（根据知情者回忆应该是泉眼，一说是江中暗流）。这种泉眼韩江底还有不少，2003年冬天韩江水位只有5米多时，笔者和多位泳友在龙湫宝塔旧址就见有类似的涌流点，且有冷有温。而潮州江滨类似的洼地，在下水门外有两处，叫鸡母埠（原为下水门外的两处洼地，上埠在现下水门外北侧城脚，下埠在其正对面的江边。洪水未来犯下埠已先湿漉，而上埠湿漉时水位虽不高，但城门必关无疑），是人们观察韩江水位的天然标尺。这"凤奎"好像敦煌的月牙泉一样，是镶在江边沙滩中的一颗明珠。宫前埕临江处还筑有月眉形的女儿墙（防洪堤墙），墙的两端各伸出一"厝头（横臂式石条）"，上有大型鲤鱼造像，憨厚可掬，鲤鱼嘴相向，洪水来犯，鲤鱼嘴就会滴水，一般不会淹至鲤鱼头上，实为水文标尺的巧妙做法，也是安济圣王"安澜济水"的生动写照。

古庙跨堤而建，庙的主体好像是凤头，其前面有"凤奎"，凸出的天公炉被视作凤嘴。宫后埕及青龙庙巷是凤尾，而堤体则成了凤的伸长翅膀，仙洲岛好像是一本书，待飞的凤啮着仙洲，形成了"飞凤衔书"的造像，寓意潮州腾达，代有传人。潮州先贤奇巧构思巨作的凤城（潮州城的别称）巨大立体标志雕塑，也可视为潮州古代的城徽和标志性建筑。

古庙主色调为灰白色，与老潮州的祠堂基本相同，其装饰与现存的己略黄公祠极其相似，光绪《海阳县志·建置》："国朝屡次大修葺，光绪二十二年（1896）复修。"证明青龙庙经过清时期的多次大修，已有清代建筑装饰的元素和登峰造极的产物，其木雕精细入微，石雕细腻逼真，彩绘栩栩如生，嵌瓷繁复多变，从现存的青龙庙老照片似可略见端倪。青瓦白墙，灰色石庙埕与周围的竹林、参天大树构成了一幅和谐的画面，这基调也与潮州古城的主色调浑然一体。

昔日的宫埕，除了宫后埕和宫前埕的正面铺有石板外，其余均为涂埕，过了月眉形软篱墙，便是平坦的沙滩，观感宽敞无垠。

宫内的设置与现庙大致相同，标高要比现庙低得多，规模也较小，而龙虎井却比现庙要大些。

二、重建的青龙庙建筑结构与特点

依据"修旧如旧，力复原貌"的原则，重建伊始，张得海先生就嘱咐柯少明先生要严格按昔年地理先生欧少甫留下的"（罗）经底"分金（罗盘确定的底数，包括座向的分度、中轴线等）。而修复后的青龙庙除向东移了一个宫位外，基本保留原格局（图6-4）。新建场地比之前扩大得多，南北均可建戏台，增加了两条从厝巷及相应厢房，天公炉、拜亭规模比之前大得多。昔日"坐乾向巽水流乾"［古青龙庙坐西（偏北）向东（偏南），但进出口在宫后的南堤和青龙庙巷，古庙的南北花巷西侧匾额"青龙古庙"也是

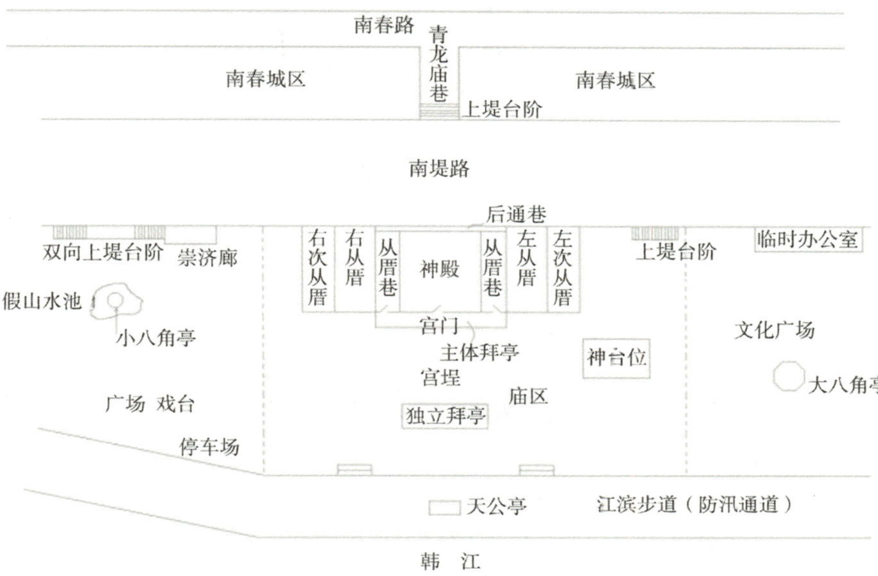

图6-4 现在的青龙庙示意图

151

朝西。庙后的堤下原有一条与韩江流向相同的小溪，故称。〕的风水格局因时易时移不可完全复制，却保住了原有的分金轴线，保住了庙区的地理灵气。

现在的青龙庙占地面积9 000多平方米。分为三个区域，中间为庙区，左侧为神台位、文化广场，右侧为戏台、芳名亭、假山水池。

庙区占地约3 000平方米，建筑面积约650平方米。重建后的青龙庙主体位于靠南堤一侧的中央，坐西（偏北）向东（偏南），长46米，宽19.1米，为继承老庙的传统格局，古庙设计成紧凑形三进四从厝（巷）、带龙虎井的潮式庙宇构筑物。所谓紧凑是进与进之间作了特殊处理，或不留阳埕，或阳埕较小。一进为拜亭（图6-5），二进为前殿，三进为正殿，也称

图6-5　拜亭（上图为建设中，下图为建成后）

神殿。而从厝（厢房）则由老庙的两列增加到四列并保留了原来两个从厝（巷）的门路，新增加的从厝则不再留从厝（巷）门，却在次从厝巷西侧各设置一可上天台的步梯。从厝的建筑模式也改为水泥平面屋顶，古建筑与新建筑结合体现了新旧元素的融合，也符合古庙使用的实用性。

一进是拜亭，为五开间三层次，中开间最突出，两庠的四开间分二层依次退入 60 厘米。这种突凸式的拜亭设计，是考虑到祭拜礼仪的实用性，更主要的是突显了安济圣王的神威，与潮州民宅的规制有明显区别。

二进与三进是神庙一统布局（有潮州传统建筑"四点金"格局的内涵），这里为古庙构筑的核心，由于厅房及进间不设墙体，进与进中的 5.96 米 ×2.18 米阳埕上面的"倒盖船"，连接左右两侧的连廊留空 2.28 米 ×2.18 米建了穿心亭、龙虎井，使阴宫透出阳气的感觉。这样，二进与三进除了中间八根石柱外，就成了统一宽阔的空间，更有利于庙中神位祭台等的设置和庙事活动的举行，也给人们提供产生遐想神威力量的空间。重建后的青龙庙是潮州庙宇建筑的较高规格，包含了"阴宫"的概念，但又体现了青龙庙的"阴宫阳祠"［潮州宫和祠建筑的两个概念：宫要有阴的感觉，有阴森森之意，潮语俗话"暗过魂宫"则指此；祠的构筑物要有阳的感觉，以示"光宗耀祖"。具体地说，宫为紧凑型，落与落（座与座）之间不留埕，而祠为宽松型，落与落之间有大阳埕相隔。］的混合设计理念。

神像的安置上，安济圣王及其两位夫人的銮座（图 6-6）按旧制安放在正殿的近后壁中央。其左侧为大舍人爷，右侧为二舍人爷的神台（图

图 6-6　安济圣王及其两位夫人的銮座

153

图 6-7　大舍人爷、二舍人爷神台

6-7），前殿背壁左为花公花妈，右为福德老爷的神台（图 6-8）。正殿匾额"赐福咸民"顶替了原古庙的"有求必应"，正殿联为"灵盛古今保社稷，神恩广袤庇海阳"；前殿联为卢瑞华亲题的"安民济世为官崇善名千古，扶桑扬德还里思敬达当今"。神殿壁联是"安济圣王"四字的藏头诗。銮殿两侧的梁架悬挂着由庄静庵、李嘉诚、黄氏合家和一夫人敬赠的宫灯（图 6-9），其前方北挂云版（图 6-10），南挂大鼓（图 6-11）。

图 6-8　花公花妈、福德老爷神台

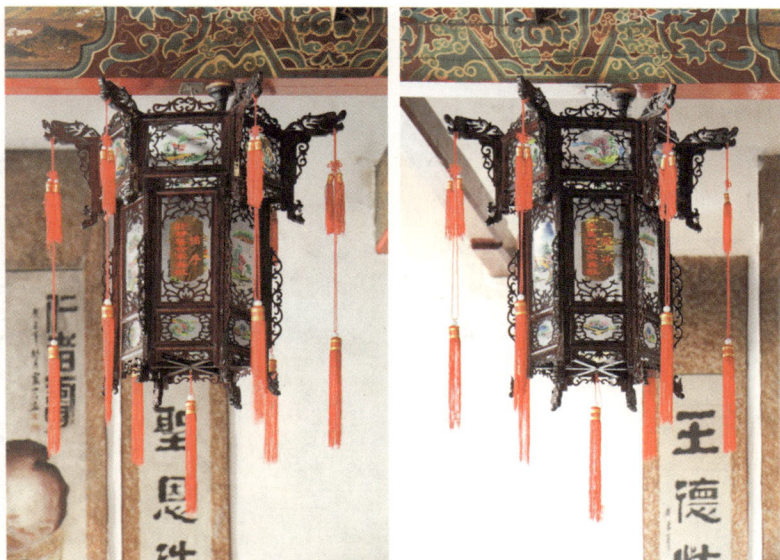

图 6-9　青龙古庙重光，庄静庵及李嘉诚合家喜敬宫灯

图 6-10　云版

图 6-11　大鼓

潮汕文化丛书

155

从庙殿出了南北二畔的圆顶偏门就是从厝巷，从厝巷西畔巷头仍然按原庙的额匾为嵌镶"青龙古庙"（乾隆甲寅年阳月立），北主从厝恢复昔日的三仙师公殿。谢少沧的牌位（图6-12）暂安放于二舍人爷的神龛右侧。其他三列从厝则为办公和料理钱财（神品）、贡品等庙务所用。

古庙主体总进深17.1米，其中门楼亭5米，二进为2.6米，神殿长9.5米、宽11.2米，庙体后与南堤壁隔一宽3米、长46米的后通巷。两侧为从厝巷，长宽各约2.4米。两条从厝巷偏侧各有一13.3米×14.3米的平顶双（条）从厝建筑物。古庙正面有三个门，庙门嵌

图6-12　谢少沧牌位

有古"安济王庙"额匾。门两边刻有惠来举人卓晏春（1839—1890）所撰"船如梭横织江中锦绣，塔作笔仰写天上文章"的庙联。两侧是八角型从厝巷门，北侧门额匾为"龙飞"，右侧门额匾为"凤舞"，均配有门联。"敕封灵威安济圣王、大夫人、二夫人"，"肃静、回避"的手持匾牌安插在拜亭外侧的支架上。庙主体前9米处，有一16.5米×6.5米的独立拜亭，与主体拜亭构成了内外双拜亭的格局，这是为适应信众膜拜的需要，也反映出安济圣王香火旺盛的程度。独立拜亭的前方是防汛通道，防汛通道的临江处有一7.6米×4.32米的石结构天公亭。天公亭安有天公炉。庙前的阳埕长59米、宽22.2米，外展有比埕高出约1米（主要为防汛通道）宽达10米的江滨步道（祭祀时为大贡香置放处）。

古庙建筑的特点有很多，仅以门、柱为例：全庙门不多，却有多种几何制式，庙门是堂堂正正的2.38米×1.48米的标准大宫门，前殿二侧进出从厝巷的门就小得多，门顶被处理成圆拱型。从厝巷的四个门，西向的是承袭老庙的竖长方形门，东畔则用八角门，而两侧从厝门为宽敞的厅式门。

庙殿内共有八根柱，左右各四根，有三种制式：前殿四根为橄榄八角和

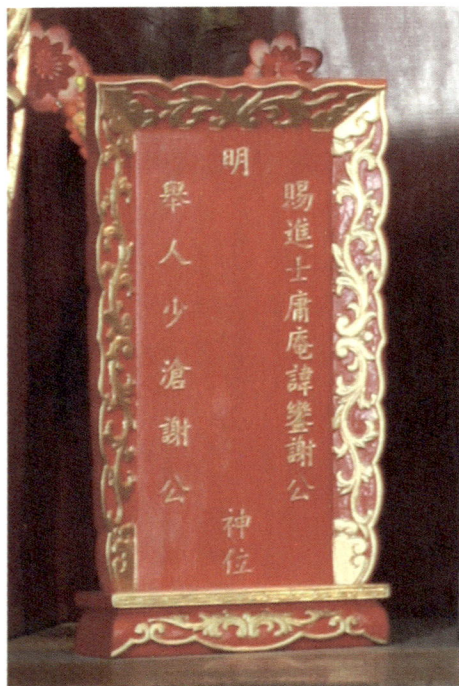

棱形状（图6-13），后殿四根为橄榄状圆形；拜亭有六根盘龙柱，显示出古庙的崇高庄严。

图6-13　大殿柱

柱与门的形态结合，如前殿的柱为橄榄八角和菱形，两侧出宫的门则为圆拱形；后殿四根柱为橄榄圆形，而毗邻的从厝巷则为方形。几何图形的错落有致，既符合风水的要求，也让人们的视觉不会停留在单一的模式，这也是美感的一种表现形式。

在庙的高度处理上，正殿为最高，象征着安济圣王在潮人中崇高的地位。依次为前殿、主体拜亭、独立拜亭，而天公亭又稍凸起来，象征天庭的至高无上。

庙区的左侧是文化广场，长约45米，宽约57米，占地约2 500平方米。有为恢复八角亭（圣者亭，图6-14）而建的六八角亭和休闲区、临时办公室，右侧是占地约3 900平方米的停车场区。拟设崇济廊（功德坊），已建假山水池、小八角亭等。临堤处是两处出入堤车道，为古庙的南出入口，而北侧出入口在庙区与文化广场中间临堤处。两侧出入口，从某些意义上说，也重现了昔日古庙"出宫、上堤顶、落竹埔头"的规制（详见第三章第三节"巡游路引"）。

纵观整座建筑，布局合理，舒展大方。人们都说老爷宫"暗过魂宫"，但到了青龙庙，却充满着阳气，埕口宽敞，视野开阔，韩水从庙前而过，远

图 6-14　八角亭

眺仙洲岛，背靠南堤，树木茂密，绿茵青翠，郁郁葱葱，实则为一处潮式的园林建筑和 A 级旅游景点。怪不得到这里拜老爷的信众都说，一下南堤，进入庙区，未拜大老爷就已经心旷神怡了。

第二节　青龙庙工艺

青龙庙装饰品种繁多，手法高超，可谓集工艺美术之大全。展示了丰富的思想内涵——忠君爱国，建功立业，英雄锄奸，尊老敬贤等中华儒家思想所推崇的传统美德。这对于纪念三国时期蜀汉忠臣安济圣王王伉的青龙庙来说，是"形式烘托了内容"，在精神理念上也遥相呼应，可谓相得益彰。下面就对主要工艺品种作详细的介绍。

一、木雕

木雕是潮州祠宇民居的重要装饰元素，据众多知情人回忆，古青龙庙的木雕很精美，但今天已不复存在，再精美也无从谈起。重建的青龙庙承袭了老庙的传统，在庙体、拜亭的木构件、神座、神像等各个方面，充分地使用木雕艺术（图6-15），中有圆雕、沉雕、浮雕、镂空等不同手法，不厌精、不怕繁，突破空间和时间的限制，营造了一座潮州木雕艺术殿堂。下面我们就谈一谈木雕在今青龙庙中的使用及特点。

正殿中槽为典型"三木载五木瓜十八块花坯"抬梁式梁架，该梁架设有三根大梁，俗称"三木载"，梁上有驮瓜柱，瓜柱下部作一木瓜插入大梁，故俗称"木瓜"。最具特色是瓜柱间用多层拱枋插垫，具有穿斗梁架的某些行色，同时瓜柱也以多层装饰过的拱枋相连。上面刻有数十种动物、水果、蝙蝠、灵芝、石榴、麒麟，也有书卷，象征祥和瑞霭。整个构架全部或上漆或描金，显示古庙金碧辉煌又庄严肃穆的气氛。两个拜亭，前后殿堂檐下，也是梁架斗拱最集中的部分之一，其木雕也是层层叠叠，内容多以戏曲传奇、民间故事为题材。工匠们逼真地再现了这些故事人物，这些只有十多厘米，面部仅三五厘米的人物，口角宛然，表情各异，惟妙惟肖，细腻至极。

图6-15 立体拜亭龙首展头

青龙庙采用以龙为主题材的雕刻，但由于各神明的级别不同，设计者和雕刻者用很大的心思和高超的技艺，尽可能地体现其差异，如龙的造像，第一层次的龙表现的是安济圣王与大夫人、二夫人。其神台两侧，高浮雕的龙造像（图6-16），几近雕塑的表现形式，使龙显得丰满逼真，大有腾跃之势。神台横眉的龙则是以通雕为主，最大限度表现龙的至高形象，使人们感觉到安济圣王在青龙庙中的真龙天子地位。神台下方则以通雕的牡丹水草为主，象征神明的高贵和祥和的气氛。神台两侧的木雕题材则是蝙蝠和花草，象征着大老爷赐福于民的德泽无边。

第二层次的龙（图6-17）表现的是偏殿的三仙师公。三仙师公的殿座木雕为圆雕，横眉为双龙抢宝，龙的造像平静温顺。两侧为凤凰、寿鸟与花草，比第一层次的龙显得逊色多了。

图6-16　安济圣王殿高浮雕龙造像

图6-17　三仙师殿神台圆雕龙造像

第三层次是大舍人爷、二舍人爷和花公花妈、福德老爷的神台，其龙的造像（图6-18）虽也是圆雕的双龙抢宝，但龙在这里已被处理成"草龙"（龙身光滑，没有鳞甲），这大概是它们尚未达到真龙标准的缘故吧。

图6-18　大舍人爷、二舍人爷、花公花妈、福德老爷的神台草龙图像

人物雕刻是木雕中的高难动作，而安济圣王和二位夫人的神像，更是重中之重。在没有王伉原型人物资料的情况下，神像的设计者和雕刻者只靠原有黑白的老圣王相片和治宫们的回忆，力求达到最佳效果。主持重建开元寺、新建泰佛殿，时任潮州重建青龙古庙现场总指挥张得海先生在神像雕刻的最后阶段，请来重建开元寺十八罗汉的雕塑者邢师傅对安济圣王和大夫人、二夫人的面部进行了一次细致的修整，使新雕塑的安济圣王安然慈祥，雍容大方，超凡脱俗，大慈大悲，体现了王伉大老爷安民济世的形象。在技术处理上，尽量不用砂布以防起毛；尽量不用砂磨，而是用批刀一点点地批，用刮刀一点一点地刮，使三位神像的面部光滑不起毛刺，以达到最佳艺术效果。

木雕在以龙为主题的前提下，偶以凤为元素。龙柱、龙头殿以梁载、梁托的凤为陪衬，协调大方，体现了古庙"龙凤呈祥"的设计理念。

独立拜亭梁载分三层，从下至上，层层突出的凤凰梁架近80只，主体拜亭的40多只凤凰，造型传神生动，工艺精雕细刻，寓意鸾凤齐飞，琴瑟和鸣。而凤凰顶着的莲花，象征着青龙庙乃净化心灵的殿堂。它同其他内容的金漆木雕融为一体，展现出一个金碧辉煌、精美绝伦的装饰空间。这些金漆木雕饰品施于木载下，除观赏外，还能从感觉上把沉重的梁架升腾，减少屋顶空间的压抑感。那120多只凤凰，头上顶着梁还起着斗拱作用，寓意着凤辅龙。这是木雕艺术表现和建筑结构巧妙结合的佳作，其构思与工艺之精妙令人叹为观止。

神殿栋梁上承接载架的四只金漆木雕蹲狮更是逼真可爱。蹲狮寓意尊师，毛被处理成竹节型，寓意百善德（竹）为先，处事须规矩（有节）。而主体拜亭的蹲狮则全为竹节狮。有两个载墩，干脆不用狮，而直接用竹头造型的木雕垫座作墩，以示为人做事要以道德为基础。独立拜亭的十六只木

161

雕蹲狮处理方式均体现了尊师为先的内涵。

倒盖船屋架栋梁上承接载架的则又是另一番风格，左右各四个木盘盛满香蕉、香橼、杨桃、葡萄、大橘、仙桃等的木雕造型（图6-19），形态和色泽几可乱真，其艺术的造型给人以自然融合的感受，也与倒盖船下面的供桌直接呼应。当人们备了水果祭拜安济圣王时，举头一望，竟上下一体。设计者的匠心可见一斑。

图6-19　倒盖船屋架栋梁上的水果造像

二、石雕

青龙庙的石雕，主要集中在庙主体拜亭、门楼和天公亭。

古庙门楼石雕的装饰有五个立面，其中门楼肚包括庙门框上部及两侧墙壁为一个立面，门楼肚左右相向的墙壁为两个立面，门楼肚旁开的两侧墙壁也为两个立面。

门楼肚正面为传统的方形石门，门框上横梁正面有阳文篆刻"财丁""富贵"门簪，上为"安济王庙"庙匾，此匾无落款。庙匾下左右各有一只石刻的蹲狮作匾托，庙门两侧墙壁从下至上分别装嵌工整细腻的阴刻篆体字"百寿图""百善图"（寓意致善寿自长），石雕花草吉祥图和常规式的福禄寿三星图，其布局也符合上密下疏的装饰原则。

门楼肚左右相向的墙壁则为松鹤延年益寿、八福（八只蝙蝠）护禄、三阳开泰等含义的石雕构件。

门楼肚旁开的两侧墙壁为大幅石雕龙凤造像（图6-20），石壁嵌入，是石雕唯一体现"龙凤呈祥"寓意的作品。

图6-20　龙凤石雕

其中龙壁由正中上部的巨龙和周围的四小龙组成的五龙齐腾图，巨龙气势磅礴，威力无穷，四周小龙则龙头向着中央的巨龙，四小龙各驭一仙人，为八仙中的四位，悠闲豪放，整个画面盈满，又细致有序。石雕手法主要为浮雕，而龙须则用镂雕，款章是阳刻"内外平安"，象征青龙爷佑护潮郡郡民平安如意。

凤壁是五凤共舞图，手法也以深浅浮雕结合为主，中央的巨凤位于凤壁的正中下部（与龙壁中巨龙位于上部形成强烈反差，实为表现龙在上、凤在下的规矩格局），周围是四仙女乘骑着四只小凤，或弹琵琶，或吹箫，或提花篮、仙草，徐徐簇拥于巨凤周围，一幅琴瑟和鸣、莺歌燕舞的凤舞图跃然壁上，款章为"万事如意"。

龙壁与凤壁，还分别与左右从厝巷额匾的"龙飞""凤舞"相互印证。拜亭的六根支柱处理成盘龙石柱，为青龙庙气势最为雄浑的石构件，是惠安石雕艺术大师的代表作。它是圆、浮、沉多种雕法兼具的组合雕刻，其浮中有沉、沉中有浮，圆中有沉浮的综合手法，使龙身浮凸程度达到几近圆雕，使盘旋附着于柱体的龙几近活脱欲跃，大有腾云驾雾之势。六根龙柱在拜亭分三个层次，层层突出，气度恢宏，充分表现了青龙庙"龙"的主导地位和威慑力。

门楼肚及周围的石雕装饰，拜亭的六根龙柱，加上拜亭左右外延置放的

163

大石狮，把青龙庙的庄重烘托得淋漓尽致，但仔细端详，则亦雅致而美观坚固。

有趣的是，龙壁和凤壁成了到青龙庙参观、膜拜的人们"摸兴"的"圣壁"。因为龙壁中的七根龙须、葫芦，凤壁中的横笛及两枚款章，分别有"摸龙须，有钱收""摸葫芦，免用愁""摸横笛，横财得"和"平安""如意"的谐音和含义。那几处石雕部位都被信众和游客摸得油光发亮。怪不得人们都说：到青龙庙拜安济圣王很"称心"。

值得一提的是，青龙庙现存的几件古石构件中，青龙古庙乾隆年间庙匾和一件托匾石狮均为那个年代纯手工的产物，自然大方。小石狮线条简洁流畅，憨厚可爱。庙前原古石狮也为珍品，惜于10多年前失而复得又得而复失，现一对大石狮为魏洁仁、杨少南出资以郡南众乡亲名义捐赠。

天公亭为2013年新建的石构筑物，也出自惠安石雕大家之手。

三、潮绣

潮绣在青龙古庙中使用范围包括神袍、床裙、彩眉、旌旗、香柴炉等，其中神袍尤以安济圣王之龙袍为最重要和精致。为安济圣王和大夫人、二夫人绣制神袍的历史大略可追朔至明末清初，由于举办青龙庙会所带来的巨大影响，每年一次为安济圣王绣制新袍是潮绣艺人的至高荣耀。因此，各家绣庄、各位艺人几乎都要使出浑身解数，力求标新立异，拿出与众不同的绣品在店前供市民评议。因此，安济圣王袍的绣制工艺也成了艺人竞相学习和切磋交流的机会。

昔日的神袍已很难见到。而青龙庙1994年入宫开光的安济圣王龙袍等三套神袍（图6-21、图6-22、图6-23）也很精致。下面就以此为例解读潮绣在青龙庙中的应用。

据张得海、徐壮辉介绍，该套袍由潮州市潮绣厂设计制作，当得知要为圣王和两位夫人制作神袍时，潮绣厂职工有钱出钱，有物出物，能工则工，并以能为神袍中重要部位制作视为结缘。神袍制作完工后则以全体职工名义集体喜敬。

（1）设计一流，主次分明：时已70多岁的中国工艺美术大师林智成主动请缨负责设计。他找来各种资料参考设计，初稿还带到班组请设计人员与绣工评议，集思广益，终于得到能充分展示圣王及两位夫人形象的设计稿。

图6-21中，安济圣王的神袍正面设计得比较饱满，以龙为主体，底色

为青色，但疏密有度，到了两袖和背部就较舒朗，庄严华丽但无臃肿之感。两位夫人的神袍则突出夫人形象，正面龙在中间，双凤辅龙，色泽取正红色。背面则纯为凤的图案。

图6-21　入宫的安济圣王神袍局部（徐壮辉提供）

图6-22　入宫的大夫人神袍（徐壮辉提供）

图6-23　入宫的二夫人神袍（徐壮辉提供）

（2）布局合理，主题突出：龙袍采用传统的暗档、无沿圆领、高斜襟的制式，为表现圣王龙形象提供了尽可能大的空间，龙袍前幅绣面高达90%以上，而正面大龙更占据了其中1/3的位置，加上龙身"廿六摆"企鳞的绣法、浮雕式的逼真表现，突显了安济圣王在青龙庙中"王"者的威力；下方左右两条走水龙、臂幅双小龙，四个龙头一齐向心"正面龙"，与正面龙下面的五鳄朝龙亭、水族、波浪相呼应；龙袍襟摆的图案为云鹤，显示了"王"的级别和地位。

（3）用料上乘：金线为南京纯黄金制作的含量最高的八八正金线，其他各种线材、辅料的挑选都是当时能得到的上乘之品，缎是贡缎，仅安济圣王神袍及披肩一项金线就用50节金（潮绣术语）。而1982年制作著名的九龙图使用的也就是100节金。

（4）工艺复杂：运用的基本工艺针法有象形针法，如绵纹针、花形针、竹编针、松子针等；还有辅助性针法，如旋针、勒针等，共60余种。在工艺处理上，强调表现象形、质感、勒线。针法变化多样，针脚匀称整齐，针针见针脚。形状层次分明，纹理清晰，使物象活灵活现。尤其是钉金垫浮绣的二针龙鳞技法，即用金线作漩涡状钉绕成小于图钉的盖圆片，片片相叠盖，鳞之下端可翻动，真如鱼鳞模样生动。这种立体针法是刺绣工艺中难度较高的技艺。

（5）做工精细：潮绣绣艺程序，以龙头为例，分为四个步骤；一是用白描勾画出龙头的轮廓和结构；二是垫棉、垫各种形制的纸钉，突出了骨骼鬃须；三是在垫料的上铺绣金线，目、眉、舌则绣上绒线；四是用包上各色丝绒的纸钉勾勒出线条结构。

潮绣钉金绣的技艺灵活多变，有"铺""垫""钉""贴""缀"等五法，呈现浮雕似的艺术效果。圣王神袍正是充分使用这五种绣艺。在潮绣人物绣中，"凶龙暴（伶）俐狮"是潮绣描写龙狮的艺术准则，其表现手法难度较高的"黑面阔嘴"是中国刺绣中独一无二的绣艺，也是潮绣技法中难度较高的工种。缎面针稿仅仅是模糊的轮廓线，而刺绣者却凭借自身的艺术素养、造型能力和娴熟的刺绣技艺，在线内"铺棉、垫盖"，并且将脸部下半截折开刺绣，两边将腮、嘴拼合成阔嘴状。以针为笔，把龙的面部眉目、嘴、鼻刻画得惟妙惟肖，就像画上去一样。

这批神袍的其他各部件亦均为上乘之品。

四、嵌瓷

青龙庙的嵌瓷（图6-24）是工艺美术大师卢芝高的得意之作。庙主体和独立拜亭的嵌瓷工程分别于1994年和2012年完成，虽时间跨度近20年，但嵌瓷艺术处理形式的有机联系，使庙体与独立拜亭嵌瓷一脉相承，几近天衣无缝。

青龙庙的嵌瓷遍布庙主体和独立拜亭的屋脊、垂带。庙主体的嵌瓷装饰为重中之重。这第一个"重"字，意思是嵌瓷在古庙是很重要的一环，是古庙的冠帽工程。而第二个"重"字，却为一语双关：一是重量之重，其体现客体是龙，龙的视觉要雄浑强劲，表现手法宜"重"；二是重要的"重"，龙是古庙的文化内核，其体积要大，才能使龙的主导地位得到体现，但龙的形象按规制南方四爪（北方为五爪）处置。

重建的青龙庙已由昔日老庙寓意"飞凤衔书"蜕变成"龙凤呈祥"，故凤的表现也很关键。表现手法为平嵌浮嵌中偶寄圆嵌以达到轻盈的姿态，其表现主要场所是独立拜亭。独立拜亭，四面通透，从建筑结构上已给人以轻盈的感觉，再加上以凤凰为主要题材的嵌瓷的装饰内容、工艺手段，故整座拜亭看起来轻盈通透。这样就与庙主体的封闭式建筑结构和屋脊嵌瓷的龙圆嵌装饰之"重"形成了一重一轻、一龙一凤、一阳一阴的感觉。而正殿靠南

图6-24　嵌瓷

167

堤一侧的屋脊上腾空圆嵌双龙戏珠，脊面浮嵌平嵌结合的"双凤朝牡丹"造像更直接让人们看到"龙凤呈祥"的密切组合。其一上一下，一雄一雌，形态雄浑和温和形成艺术高度对立统一的美。

在表现方法上，青龙庙嵌瓷的艺术表现有几个特点：

一是轻重繁简错落。从装饰的手法和嵌瓷数量这个层面讲，为了方便表达，我们暂且把独立拜亭与庙主体合并起来作四进看。独立拜亭是轻，主体拜亭是重，前殿是轻，到了后殿又重。就轻者相比，前殿为最轻，只是简单的瓜果花草平嵌，而独立拜亭是轻中之重，有双向"凤凰朝牡丹"的近于圆雕造像。就重者相比，主体拜亭与正殿，因屋脊装饰长度和标高等的差异，正殿为重中之重。

二是夸张手法。青龙古庙是龙的天下。为在有效空间展示龙的无限威力，作者利用夸张手法，让前殿屋脊的龙造像尽可能"大"。将龙的图腾嵌成腾云驾雾状，龙身高度弯曲，但又不至于看成"曲龙"，故利用高度差，使其有腾跃之势，在长度只有 5 米多宽之屋顶，两条龙伸张起来的长度足足超过 20 米，这就为龙身的做大提供了前提条件。龙身的最大周长 1 米余。这样一组大型双龙戏珠的嵌图就隐重地矗立在主体拜亭的屋脊上，整座古庙大有巍然不动之感。

三是配搭各异。主体拜亭的龙下面屋脊搭配的是"八仙八骑八童子"，而体现龙凤呈祥则被异化为孔雀和大雕，并处理在两侧外开间的屋脊面上，内开间的屋脊面则嵌上"博古"图案。而在正殿脊，双龙戏珠下面虽同样都是祥云环绕，但朝庙内的脊面处理成平嵌的梅花，朝西面（南堤）方向的脊面则搭配双凤朝牡丹，搭配形式的多样化避免了视觉上的简单化和视觉疲劳，给人以多变美的感觉。

四是色泽处理。主体拜亭双龙戏珠的龙身是浅绿色的，而正殿的龙身为深绿色，龙尾则为只属于王者才能拥有的正黄色，一改主体拜亭纯绿的龙形象。加上该殿脊在庙中最高脊身比主拜亭宽等多项第一，体现了殿中安济圣王在青龙庙中至高无上的地位。在两副双龙戏珠中造像相向的脊面上，各是浮嵌的梅花，主体拜亭的梅花为红色，正殿的梅花为白色，而且较为繁茂。

五是繁而不乱，疏密有致。庙主体整个屋脊垂带嵌瓷人物近 700 人，民间故事、戏曲故事多屏，还有凤的造像、祥云、瓜果、花草……见缝插针，工艺复杂繁复，但由于处理上错落有方，并不会产生臃肿的感觉，反而有一种艺术美的享受。

疏密有度最明显的表现是在庙主体的三组屋脊上，主体拜亭与正殿的嵌瓷装饰繁复有加，但杂而有序。而其两者中间的前殿脊，则被轻描淡写，处理得很简洁，只是缀上瓜果花草类的平嵌，让疏者更疏，密者更密，疏密有度。

六是内容丰富。如黄忠、法正大破定军山，梁红玉金山击鼓抗金兵，姜子牙收妲己，关公过五关，张飞战马超，长坂坡赵云救阿斗，穆桂英取降龙木等。

五、瓷版壁画（安济圣王出游图）

青龙庙两侧厢房外墙的瓷版壁画为《安济圣王出游图》（图 6-25），创作于 1997 年 8 月，1998 年镶嵌装置完工。该编目由邱创平、陈俊荣策划，陈俊荣、余俊英、林若鑫、蔡序峰设计绘画，陈俊荣负责总监制，蔡儒添先生捐赠。

瓷版壁画左右各一幅。每幅由 480 块 15 厘米 ×15 厘米白瓷砖组成，长 80 块，宽 6 块。加上边框，该画每幅宽 1.2 米，长 12.3 米，面积共 14.76 平方米。

（一）构思巧妙精细，布局严谨合理

瓷版壁画表现的主题是青龙庙会游神，画面虽然只有 24 米宽，而面积达 21 平方米，但表现的是青龙庙会安济圣王为期 3 天、长达 10 多华里的巡游路线和过程，人物众多，事件环节及物体复杂，且须避雷同。更何况设计者未亲历安济圣王出游，素材靠的是老辈人的回忆。设计是一道难题，但作者经过广收并蓄、删繁就简、细密策划、合理布局，达到了扼要明了、重点

图 6-25　安济圣王出游图瓷版壁画

突出的效果，终于作出了这幅青龙庙会游神的微缩版。而且各个重要事件都有所表述，布局大方、合理，繁简有度，色彩鲜明，艺术地再现了青龙庙会游神的盛况，为人们直观了解安济圣王游神提供了视觉载体。

（二）主题明确鲜明，场面壮观逼真

瓷版壁画紧贴安济圣王巡游主题，按昔日出游的路引规则"起马上堤落竹铺头……"具体地描述了安济圣王出游至回銮的盛况。

画面从青龙古庙出南堤过"护吾生民"牌坊开始描绘，然后在安路牌的指引下巡游全城，所到之处，群众夹道欢迎，商铺、神前鞭炮齐鸣。游神队伍锣鼓、三弦、琵琶、古筝、笛箫、唢呐，乐器齐全，旌旗迎风飘扬，大红灯笼高高挂起。图中安济圣王安然慈祥、雍容大方、超俗非凡；大夫人雍雅慈祥，大有"王母"之相；二夫人则风姿绰约，其神轿护卫严密，生怕被摸轿者挤爆棚脚。三座神轿面前，尤其大老爷轿前鞭炮连串，走皇鞭响彻云霄，商户争相留住老爷，以求为之带来吉祥，保佑生意兴隆，大夫人、二夫人轿随大老爷后面接受信众拜谒……把昔日安济圣王巡游刻画得生动逼真。

整个潮城沉浸在舞龙、舞狮、演戏、锣鼓、喝彩声、欢呼声的欢乐海洋中，汇成了一幅普天同庆、吉祥如意、风调雨顺、合郡平安的祥和画卷。

（三）内容丰富多彩，刻画细腻严谨

出游图在20多平方米的画面上共绘有人物1 330人，平均每平方米有六七十人。锣鼓队五支，韩江、湘子桥、凤凰塔、凤凰洲、江滨、牌坊……都在描绘之列。其中难度最大的是牌坊的刻画，大街是巡游的重头戏，牌坊是大街的标志物，可那时牌坊尚未恢复，也没有电脑设计，只能靠几张老照片做参考，手绘一个牌坊往往需要花费通宵的时间和几十张草稿才能得到最佳的效果图。大街中还插入大量的商铺：美珍酒楼、瓷器铺、顺发绸缎庄、吉成菜馆、中药铺、庆祥银楼、中华书局、发记纸行、义成鞋店、顾绣庄、祥记百货、鞋帽店、米行、笔墨店、裱画店、玉器店、饼食店、美兰杂菜店和鼓乐社、水运上客站等。而中药店竟描绘了坐堂先生，凤凰洲上有一小群水牛在悠闲啃草……一幅市井生活图跃然画上。

（四）潮彩技艺精湛，线条流畅传神

瓷版壁画的绘画和烧制者包括了国家级大师在内的潮彩行业佼佼者，在

制作时，由于画师的风格和特点不一、手法各异，但大家通力协作，选择中国画的神韵和意味既符合人们传统的审美习惯和审美趣味，也让观览者有亲和感。画师们利用瓷版能表现中国画法的优点，用意笔和工笔相结合的多种技法，手法娴熟，线条流畅，色彩配搭合理，使人物描绘逼真传神，市井、建筑物等如亲临其景，而韩江及江滨则用大写意的方法，把韩江的大气给刻画出来，整个画面繁简有度，粗细合理，使这幅瓷版画达到了艺术和内容的统一。

鉴赏瓷版画时有"六看"：一看瓷版是否平整，二看瓷版表面是否光洁，三看瓷版是否完整，四看瓷版画面是否整洁，五看瓷版画意是否精美，六看瓷版画烧制工艺是否到位。按照这个原则，笔者认为该瓷版壁画虽不能说臻于至美至善，但已达到色泽统一、画面连贯、整体观感舒适的效果，是一幅瓷版壁画的精品。

六、壁画

全庙共有壁画五幅，以正殿銮座后壁的"祺帐"（民间语讹为"旗帐"）所绘《龙教子》（图6-26）图最为出色。该图采用水墨画的手法，笔法自然流畅，将中国画的意境表现得淋漓尽致。该画突显的主题是"飞黄腾达"。正殿左右则为福禄图，西从厝巷、龙虎井的后壁则绘有《八仙图》《竹林七贤》，宣扬"超凡""脱俗"的道家思想。

图6-26 《龙教子》

七、漆画

漆画主要分布在古庙的梁载、瓜坯、门扇等部位，起到保护木质材料、美饰素坯、烘托造像等作用。

正殿大门为两幅漆画门神：尉迟敬德和秦叔宝。

大梁的漆画题材为青龙、凤或龙凤呈祥，其中正殿栋梁的龙漆画最为精美。前殿大梁则画上"凤凰朝牡丹"，与正殿栋梁的龙遥相呼应。

漆画的另一特点是题材广泛。最为特别的是，拜亭的潮州八景图、八景诗，把潮州的景致浓缩于主体拜亭之中，起到了重视和宣传潮州传统文化的作用（图6-27）。

图6-27　拜亭漆画潮州八景中之湘桥春涨

在拜亭的横梁枋上，还有八幅彩绘漆画，内容为：灵泉道风、河伯屈原"九歌"、达摩面壁、君子逸乐、山林雄风（寓意"不怕鬼"）、万年灵芝、天地悠悠、尊者有言。

第七章　青龙庙文化

2011 年 1 月 9 日，潮州市人民政府文件潮府〔2011〕2 号文《关于公布第二批和重新核定公布第一批潮州市文物保护单位的通知》中确认"安济王庙"为"近现代重要史迹及代表性建筑"，予以保护。

2011 年 6 月 11 日，潮州市人民政府文件《关于公布第四批市级非物质文化遗产名录的通知》中确认"潮州青龙庙会"被列入市级非物质文化遗产项目。

2012 年 2 月 21 日，广东省人民政府粤府〔2012〕20 号文《关于批准并公布广东省第四批省级非物质文化遗产名录的通知》将潮州市湘桥区青龙庙会列入该批省级非物质文化遗产名录。

2018 年 2 月 21 日，青龙古庙被潮州市宣传部、文联授予"潮州海上丝绸之路文化地理坐标"称号。

第一节　青龙庙的传闻

一、诗、民谣（图 7-1）

（1）清·黄钊《青龙诗》。①

鼍皮冒烟日卓午，蜥蜴上天求作雨。

城南大堤挤士女，咒香作云蒸花础。

神之来骑蜀时虎，青条蜿蜒谁敢侮？

滇山高高神所宇，祓除瘴疠食妖蛊。

千年土花驳铜鼓，诸蛮帖耳抛毒怒。

芦灰百石奠平土，潮人奉神曰若禹。

带牛佩犊尔勿顽，神今驯尔如驯蛮。

---

① （清）黄钊：《读白华草堂诗初集》卷七，道光戊申年（1848）刻本。

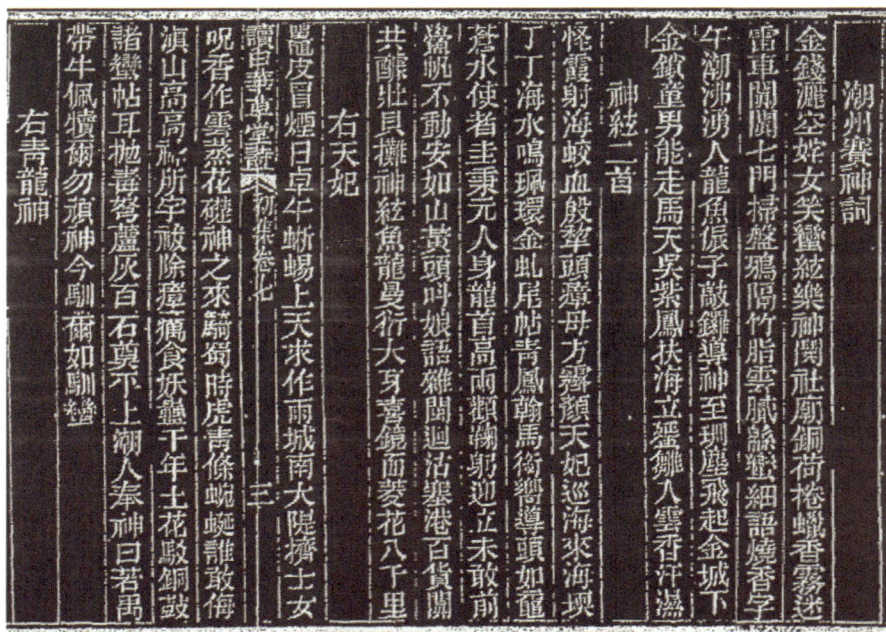

图 7-1　清代潮州竹枝词中有关青龙庙的诗词

（2）清·黄钊《赛神诗》。[1]

金钱洒空姹女笑，蛮弦乐神哄社庙。

铜荷卷蜡香雾迷，雷车阗阗七门扫。

盘鸦隔竹脂云腻，绵蛮细语烧香字。

午潮沸涌人鱼龙，偰子敲锣导神至。

珊尘飞起金城下，金锁童男能走马。

天吴紫凤扶海立，蜑雏入云香汗湿。

（3）清·陈坤《岭南杂事诗钞》。

灵爽当年处处闻，闾阎百万护慈云。

喧传箫鼓神游早，共喜收成有十分。

　　潮郡南门外有青龙庙，相传杞蜀汉时永昌太守王伉，甚著灵异。每年正月如期出游，以时之迟早决岁之歉丰也。

---

① （清）黄钊：《读白华草堂诗初集》卷七，道光戊申年（1848）刻本。

（4）清·陈方平《潮州竹枝词》。

青龙古庙蠹江湄，祭赛年年正月期。

笑语声中灯已到，几家儿女出门时。

（5）清·张对墀《潮州竹枝词》。

一水南堤荫古榕，篝灯香火祀青龙。

数行罗绮阶前拜，灵答争持候煞依。

（6）清末诗人钟声和的《新年杂咏》中三首与青龙古庙有关的诗（光绪《海阳县志·风俗》）。

其一：春光方喜入新年，转瞬又逢神下天。

　　　　休道精灵难测度，冥冥消息现香烟。

其二：欲结人间香火缘，好从人日到神前。

　　　　南堤路上聊停步，庙祝来题打磬钱。

其三：城南下畔重元宵，爆竹光腾烛碧霄。

（7）邱汝滨《瞩云楼诗存·蕉窗随笔》（潮州诗社，1998年）。

还有新装好春景，歌童马上坐吹箫。

望鳄渚凤台，槛外江声流日夜；

观春祈秋社，瓶中花影走青蛇。

邱汝滨（1898—1971），潮州人。民国年间曾任揭阳县电报局局长。潮汕知名诗人、学者。

（8）民初军阀时代，针对"北军"的潮州民谣：

新科状元臧致平，鼻浏（流）入目唔灵精。

安济圣王显了圣，半夜"伯"（趴）起来"辽龙"（逃走）。

二、传说

（一）"灵感安济圣王"的由来

清康熙年间，康熙皇帝派御弟到潮州安南庙一带韩江边督造战船以作征服台湾之用。一日，御弟行至青龙古庙，入庙瞻仰王伉神像，忽感征台湾之事重任在肩，遂向王伉祷告，以祈神佑。不意一连三次，每次从签筒抽出的，都是"罚油"，心里大感不解，遂向庙祝请教。庙祝称：签筒中的竹签共一百根，其中只有一根是"罚油"签，王爷如不相信，请亲自查看。王爷查看结果，果真不错，只是心存疑惑，怏怏而归。

后来战船造毕，征战台湾遭郑成功部属抵抗，损失惨重。康熙帝召回御弟，大加斥责，御弟为推卸征台失败的责任，遂将当日在潮州青龙古庙向王伉祷告时，神明不佑的情形向皇兄奏明。时康熙也深感民心不可侮，想出"以汉治汉"、笼络收买民心的几条措施，其中一计，乃是说他白日做梦，在御花园中遇关羽向他致礼，称他为"皇兄"。康熙帝向天下颁告此事，称自己是刘备托生于人间，并加封关羽为帝。一时间，关羽从"关爷""义武安王"王位跃上"关帝"宝座，香火大盛。有感于此，康熙又不失时机将王伉加封为"灵感安济圣王"。

另一版本是：清康熙年间恭亲王到青龙庙进香，连续求得三支上上签，恼火并斥责治宫。治宫虽然胆怯，却又在争辩，说不可能有这种事。求签的人太多，有时也会发生捡错签的事情，但每一个晚上治宫都要对每一个签筒进行核对。恭亲王说："本亲王为什么有三支号码相同的签？"嘴巴在说，手伸向靴筒，只是靴筒的签没了。恭亲王回北京后，奏知皇帝。皇帝就敕封大老爷为安济圣王。

"敕封"真实性理由有三：其一，康熙皇帝只要下一道圣旨，就可使南疆安定，何乐而不为？况且，这道圣旨还有撒豆成兵之功。可以镇住多少民心？更可以绑住多少个"心中贼"？其二，敕封是清朝的事，时人哪敢假传圣旨？那是杀头、灭门、诛连的罪。其三，如果是冒牌货，而地方官员不举报、办罪，至少是难保自家头上乌纱。（《新韩江闻见录》）

（二）施所学与王伉镇水

据说，明万历年间，时任海防同知的施所学，在抗灾乏术时，虔诚尊奉家乡的王伉为神明镇水，果然水退波平，韩江安澜。乾隆《潮州府志》载：明万历二十七年至二十九年（1599—1601）潮州府辖属海阳、潮阳、揭阳、饶平、大埔等县发生大地震、飓风，灾害频繁。大地震及飓风所带来的暴雨危及堤防，使民众生命财产遭受严重破坏。此时，施所学任海防同知，其职责是与通判分管治农、水利、屯田等事项。在频繁的地震和水患面前，出于职责的要求，而又抗灾乏术时，往往需要借助神明消灾。但当地的神明既制服不了灾患，此时以自己所虔诚尊奉的家乡神明治灾，是顺理成章的事。而且立王伉为神明镇水之后，果然水退波平，韩江安澜，奉为降水之神。王伉也被称为"安济灵王"。（曾秋潼：《青龙庙史事纪略》，《潮州》2008年第2期）

（三）王伉与谢少沧

据说，当年王伉因抗降孟获而赢得孔明的褒奖。当地民众念其功绩，在其身后建庙设坛，刻神像祀奉祭拜。

潮人谢少沧，明嘉靖壬午年（1522）中举人后，被朝廷派任云南永昌郡守。到任不久，即逢旱灾，米珠薪桂，饿殍遍野，灾民四出逃荒。因永昌地处边陲，交通梗阻，少沧迫不及待，一面上书禀报朝廷，一面毅然开仓，赈济灾民。谁知百姓得救生还，少沧却落得"擅用国仓"的罪名，应被依法处斩。缘因当时云南处决囚犯之法，与别的地方不同，即在刑场搭了高台，将死囚捆绑后置于高台之上三昼夜，受雨淋日炙，如果不死，可以赦免。当谢少沧置于高台之上，百姓眼巴巴看着爱民清官反被朝廷处以极刑，无不万分悲痛。故成千上万子民，环台泣跪，状甚凄怆。少沧这时也自度必死。谁料正当烈日暴晒、饥渴难忍、朦胧之间，忽见天上有一神人，张开一幅大黑布，顷刻化为乌云，把烈日遮住。如此一连三天，谢少沧竟能死里逃生。百姓见好官被赦，无不欢欣若狂，拍手称庆。谢少沧获赦后，备办祭品，往附近神庙祭拜，谁知进庙抬头一望，神殿上正中赫然端坐者正是那天所见的空中神人。经询问当地人士，才知此神明乃王伉也。从此日夜供香拜祀。

谢少沧回潮之时，将王伉的神像塑为金身，带回家中设坛祀奉。（《新韩江闻见录》）

三、故事

（一）青龙王寿诞

王极灵爽，郡人称为"活佛"。"余按：青龙王灵迹极广，聚来可作镇日谈。今特举三则最昭著人耳目者录之，以起人敬谨。一岁三月，安济王寿诞，黄家祠迎神，演戏祝寿，箱已上台，被道署吊去，及开箱演戏，满箱蜿蜒，皆青龙也。复开复然，箱箱皆是。观察立出行香送回薛厝巷。一岁，学院临潮岁考，场后出拜客，恰遇神游，人请避道，学院自恃钦命，便出不逊之言，语方脱口，而清道旗二面无火自焚，顿生畏惕，而改道焉。最可异者，凡作大水，庙祝必跌筊，请神出庙。神如肯出，水不为灾；神一不出，水势定大。庙祝则坐神于轿，高系梁间，听任波浪拍天，只及轿而止，从无有浸湿神靴者。此捍水患一大明证，千秋血食于我潮也，岂不宜哉？"（林

大川《韩江记·青龙王寿诞》）

（二）安济圣王灭火

清中期，有一年，一小偷到金山顶的海防火药库偷火药打鸟，用打火石照明时引爆火药库，加之风高物燥，火势凶猛。时逢"大老爷"巡游至金城巷，游行队伍和观看的群众见状纷纷放下"大老爷"的轿子急奔火场灭火。一会儿火就灭了，大家纳闷着回来了，发现"大老爷"仍然端坐在龙椅，但龙袍有被火烧的窟窿，这是怎么回事？当大家正在疑惑时，参加灭火的人说火场上看到了"大老爷"灭火的身影，真利索！大家心中的疑惑解开了，怪不得灭火这么快，全仗"大老爷"，"大老爷"真灵！

（三）大商行迎圣驾

昔日的大商行"营大老爷"迎圣驾，其气派可谓潮州之冠，鞭炮架横跨大街（太平路），鞭炮价值动不动就是几十个大洋，一串达四层楼高，一米多宽，需十六个人点燃，另有四人拿钢叉撑起鞭炮尾。鞭炮的顶端是俗称宝盖的鞭炮帘。老爷驾临之前，商行备有六只红色大椅条专供三顶圣轿停放。美名为请大老爷看响鞭炮，实是让大老爷多停留一点时间，多沾一点灵气，以期再发大财。为此，还向轿夫等游行队伍的人发香蕉、马蹄（荸荠）、猪肉粥。在鞭炮放完后，还有"走皇鞭"，把神气都使出来。

（四）大老爷钦定郑厝池巷宽度

一年，南春路郑厝池巷有外墙相对的两家人同时旧屋重建，因涉及巷道宽度争执不下，邻居们也调解不了，于是大伙建议双方到青龙古庙求大老爷钦定。到了庙中，遂请庙祝掷珓谶吉，很快一掷即胜，大老爷应允为二家调和。但大老爷是不会说话的，多宽为宜呢？于是双方比手势得先后掷珓权再度谶吉，两个结果不是阳珓，就是阴珓。怎么办？还是庙祝机敏，到了库房，取出大老爷轿的轿杠杆，这一招真灵，再掷竟是吉珓。于是大家用红绳丈了轿杠杆的长度，直奔郑厝池巷，郑厝池巷的那一段宽度就这么定下来了。

（五）一个猪头许三个宫

昔年，百姓信仰神明，不少人买好供品上宫庙拜老爷。如果家庭碰到大事，心里还存在"多拜一个宫庙、多存一线帮助的希望"的想法。

某年，一位乡民到大老爷宫许愿，祈祝家里的儿媳妇在年内添男丁。祈祷时，即许诺如果事成以后，就买个猪头答谢。接着，他又到另外两宫去拜老爷，也许上同样的愿。

那一年，儿媳妇果然生了男孙。可是家里贫困，要去答谢三位老爷时无法备办三个猪头，他只好买了一个猪头，先后到三个宫去，焚香说话，算是答谢。事情一经传出，被乡邻笑话。自此也就有了"一个猪头许三个宫"（许，读"夏ᵉ"，许诺或答谢的意思）这句俗谚。

潮州俗语"一个猪头许三个宫"，也喻一女应允多方婚事，遂招致非议。

（六）初来治宫唔识老爷名

众所周知，潮州的老爷宫（神庙）是出奇地多。昔日西门外宫庙虽不大，但林林总总就有七十二个，南门外更有包括青龙庙在内的八大宫。全城宫庙，上档次的不下一百个，宫多，类别多，老爷名难记，加上宫中老爷更迭，真是"三国唔识（潮音读"北"）名、封神唔识骑"。

关帝庙、三山国王庙、城隍庙这些常规老爷，一吽就知道祭拜的是关公、三山国王、城隍爷（城市的保护神），但如霖福古庙、青龙庙这类隐名者，那就麻烦了，对于新来治宫，更是一场考验。

一年，南堤青龙庙来了个新治宫，刚履新时，适逢一远方香客久闻青龙庙香火旺、老爷灵，前来虔诚求佑。新治宫见其人相貌不凡，穿着讲究，紧随服侍，指望其多添油。而香刚点上，香客虽对祈佑词胸有成竹，唯不知老爷姓甚名谁，遂问及新治宫。新治宫真是"药埔绚（蝉）撞着松树桠"，哑了！只见他满脸通红，答不上话，幸好旁边一老香客搭上话：是青龙爷、安济圣王，解了个围。当再问及老爷真名实姓，何方人氏，那老香客也说不出个所以然。

傍晚关了宫门，新治宫赶紧跑到老治宫处求教，方知大老爷叫王伉，是三国蜀汉的忠臣，为青龙庙第三位主人，前二代分别为青蛇（龙）、三仙师。老治宫又将王伉执忠绝域、拯救潮人与潮城、屡屡显灵的故事一一向新治宫讲述。凭着老治宫传授的内容，新治宫每逢香客就会滔滔不绝地讲述，俨然满腹文墨。

这就是"新来治宫唔识老爷名"的来历，这话后来衍化为一句俗语，喻指人们到了一处新环境，不熟悉情况。

四、俗语

（一）"无谓（无理由）给人推宫门"

腊月二十四，安济圣王到天上述职并参加天庭一年一度的大聚会，新正初四是下马回銮履新的日子。是日上午，宫中早早准备好敬神品等特供贡品准备祭拜，恭迎圣驾。准备工作的重头戏就是上午辰时（辰为龙）开宫门，由于宫门朝东，对着太岁，煞气太重，民间一般人甚或庙祝都不愿做这伤身之事。是时推开大门有招祸致殃之虞，须择"八字硬"的人（如克妻克子的光棍汉之类）来推开此大门。但推开宫（庙，即老爷"宫"）门又可获赏数额可观的红包，故穷得发慌的人冒死才愿做这风险性大的事。潮州俗语"无谓（为何）给人推宫门"，喻自讨苦吃。

（二）"挤到浮脚行"

传说二夫人所有的病都给孙真君（孙思邈）治好，而孙真君给她吃了最好最有灵气的仙药，游神时若能摸索到她的神轿，就能生男孩。为了有后代，谁都不会放弃这难得的机会。

每逢游安济圣王时，看到圣驾一起轿，大夫人、二夫人的神轿也跟着起动时，人们便如潮水一样涌上前去，都想挤上去摸二夫人的轿。由于轿前有会特别武功的壮汉护驾，故多数人千辛万苦也难以遂愿，有的人挤得脚都着不了地。潮州俗语"挤到浮脚行"即源于此，后比喻一切的狂热。

（三）看灯去箭道

箭道是一年一度青龙爷游神队伍中花灯的比赛场所。神驾"上府"，接受潮州知府朝拜后，花灯队便分出来，从文星路到北门街青亭巷箭道去评比。箭道是昔时潮州府练箭、赛箭的地方，为府城最宽的巷道之一，且笔直划一，这里是赛灯的理想场所。游神队伍中的花灯队随游神队伍一路挤压行进，来到箭道参加赛灯，地宽心舒。掌灯人个个精神抖擞，各路花灯靓丽登场，精彩表演，一比高低。此时花灯是绝佳的亮相，故有"看灯去箭道"之说。此言后被喻作"择机待吉"的代名俗语。

（四）欲看好锣鼓，着待老爷出东门

每年的安济圣王游神，在城内，由于街巷被市民挤得满满的，而且鞭炮连天，游行队伍中的锣鼓队被挤得七零八落，难以施行他们的天才艺术。但过了东门，已是正日隔天的子夜时分，观众和游神队伍皆很疲劳，摸二夫人轿如愿的或不如愿的都不再跟了，所有的鞭炮也放完了。而真正的锣鼓比赛正是时候，各锣鼓班都大显身手，此时游行队伍便停了下来，称为"头手"的名师才亲操鼓槌。场地广阔，人渐减少，又临韩江，顿使乐师们精神倍增，故一出东门，各班锣鼓都重整旗鼓，行列整齐，争献绝技。潮州音乐名曲《六国封相》（俗称扮仙）、《抛鱼》（后来改称为《抛网捕鱼》）、《掷钗》和《薛刚祭坟》等大鼓大擂，吹吹打打，依次演奏。其后棚（奏器乐部分）珠圆玉润，百折千回，而大锣大鼓高亢之声响彻夜空，气势磅礴，故潮州俗语有"欲看好锣鼓，着待老爷出东门"，也是喻等待时机。

（五）老官一返来，新官掠去刣

民国十八年（1929），时潮安县县长阮淑清利用国民政府"破除迷信，废除一切淫庙"的命令，采取"寓禁于征"的办法，抽青龙庙 5 000 大洋准游。此举被桑浦山山贼得知并予效法，掳去圣王神像后要挟善信 5 000 大洋赎回，留下无头帖："若要老爷回，5 000 大洋送到桑浦山甘露寺大佛前。"然而，匪徒却徒劳无功，万恨之余便把神像投入韩江。后被人发现，神像被善信迎回庙中，准备隆重祭拜，但阮淑清得知后很生气，盛怒之下命人将圣像砍伤并投入韩江。信众为使青龙庙不致老爷位空缺，便重刻"大老爷"新像。但十四个月后，在外砂河的海滩上找到了老圣王神像并迎回青龙古庙。"家无二主，天无二日，国无二君"，一个庙里是容不下两个老爷的，经过掷珓诹吉，还是老圣王显赫。故此，刚上任一年的新圣王神像只得扛到溪沙坝去化掉，而老圣王又披着新龙袍回到青龙庙的大殿去接受香火。潮州话有"新官一下来，老官掠去刣（杀掉）"的俗语是喻吐故纳新，而这里恰是相反，"老官一返来，新官掠去刣"，意为吐新纳旧。

（六）大老爷宫乞食一嗝（难）比一"人哩孬得亲像俺，俺哩孬得亲像人"

安济圣王的寿诞与游神不在同一天，因此，每年底或正月要卜择吉日

游神。

　　有一些乞食（乞丐）在游神时讨得很多粿（年糕），便在庙前的大埕歇息，一边晒太阳，一边把讨来的粿用火烤热了吃。时当冬令，古庙对岸韩江江心沙洲村的农民要挑萝卜入城卖，担子重，又要卷起裤脚赤足涉水过江（昔时，农民无鞋可穿，全部是光脚，晚上睡前才洗脚穿上木屐），江水寒冷刺骨，个中辛苦真是无以言状。菜农看着乞食晒日、食粿，悠哉游哉，好不羡慕，便说我等不如乞食。乞食听了却说："人哩孬得亲像俺，俺哩孬得亲像人。"意思是说：人家说比不上我们，其实是我们比不上人家。故有上言。

第二节　青龙庙的文物

一、八宝（图 7-2）

　　青龙古庙的八宝是指八件锡制仪仗器物，每件重数十斤，平时置放于正殿南北两侧的八宝架上，以示护卫安济圣王；当老爷出巡时，八宝则跟随安济圣王、大夫人、二夫人的銮舆两旁分列护卫。

图 7-2　青龙古庙文物八宝，原件现存于潮州市博物馆（黄舒泓提供）

八宝皆刻铭文"潮郡贤社"，分别是：金钟，长197厘米，最宽22厘米；玉磬，长200厘米，最宽16厘米；甘露瓶，长194厘米，最宽15厘米，铸成龙形；锡杖，长190厘米，最宽20厘米，阴刻，倪以仁喜敬；月牙斧，长190厘米，最宽30厘米，阳刻；狼牙棒，长204厘米，最宽18厘米，阳刻；佛手钵，长195厘米，最宽20厘米；方便铲，长190厘米，最宽22厘米。

二、龙头杖香柴炉（图7-3）

青龙古庙龙头杖香柴炉由长约1.2米的木雕龙头杖、铜艺香柴炉、潮绣围裙（上绣"恭迎圣驾，合郡平安"字样）、玻璃片吊坠等部分组成。香柴炉携挂于龙头杖之中下端，炉盘使用时放上大小合适的沉香、降香、檀香等名贵香料柴。点燃后让其熏燃成缕缕香烟，是祭拜香类中之极品。围裙在托盘之上，使香烟顺圆裙直上龙口，产生龙口喷雾之效果，玻璃片吊坠在行走时会发出叮当之声，增加热闹之气氛，香柴炉虽小，却是潮州传统工艺集锦之作品。游行时挺胸执杖而走，好不神气。

图7-3　龙头杖香柴炉

三、香炉

（1）武候祠王侁公香炉。

（2）青龙古庙香炉，高21.5厘米，宽32厘米，为石材手打圆炉，左右对称两个狮头，狮口含圆环，正面刻"安济圣王"，背面刻"翁永盛喜"（图7-4）。

四、石狮

青龙庙原一对大石狮失于2001年，现存小石狮（图7-5）长33厘米，高20厘米，线条流畅简单，自然圆润。

图7-4　从揭阳回归的安济圣王圣炉

图7-5　小石狮

五、爆竹囊 [①]

青龙古庙暴竹囊（图 7-6）：长 38 厘米，宽 32 厘米，厚 26 厘米，镂通金漆木雕，上面刻有精美吉祥的图案，囊盖上镌有 5 厘米 ×6 厘米的小木狮，为提盖之手柄，囊两边有铜环可穿挑绳，为实用而精致的木雕工艺品，此品为机缘复归物（为信众回购后赠予青龙古庙）。

图 7-6　爆竹囊

六、安济圣王"花钱"

青龙古庙这枚"花钱"，厚 7.1 克，直径 19 毫米，厚约 1 毫米，平放正面可见"安济圣王"四个正整的繁体字，周边有 2 毫米的内压边，中间有方孔，约 5 毫米。方孔周围为 10 毫米的凸突边。背面是八卦，其压边有类似的早期人民币边上的横纹齿痕边。（图 7-7）据行家估计，这枚铜钱的年代应在清中后期，由红铜锻造。现珍藏善信处。

---

① "囊"的本义是袋，潮人将装书等贵重的箱子也称"囊"。爆竹囊即是装爆竹的箱子。

图 7-7　安济圣王"花钱"

七、符印

青龙古庙符印为方形，是青龙古庙神力的象征，已流失多年。（图 7-8、图 7-9）

图 7-8　银本"安济圣王"八卦平安符正面

图 7-9　银本"安济圣王"八卦平安符反面

八、碧玉龙头如意

青龙古庙碧玉龙头如意已流于宫外多年，现珍藏善信处。（图 7-10）

图 7-10　碧玉龙头如意

第三节　青龙庙的匾联

一、"青龙古庙"匾

花巷西畔巷额匾为"青龙古庙"（款为乾隆甲寅年阳月），104.5 厘米 × 44 厘米，刚好是鲁班尺上的义、德二字，为行书阳刻。

二、"安济王庙"匾

"安济王庙"匾（图 7-11），174.5 厘米 × 59.5 厘米，刚好是鲁班尺上的财、丁二字。此匾无落款，但据老辈人说，此件应不晚于清乾隆时期重修青龙庙的时间，"安济王庙"四字为楷书阳刻。

图 7-11　"安济王庙"匾

三、"塔作笔"联

惠来举人卓晏春（1839—1890）为安济王庙撰庙联："船如梭横织江中锦绣，塔作笔仰写天上文章。"（图7-12）

图 7-12　安济王庙庙联

四、赐福咸民

"赐福咸民"殿额匾选自唐王智永集王羲之《圣教序》，为吴维科所书，甲戌（1994）仲冬香港潮安同乡会同人喜敬。

五、正殿联

正殿联为："灵盛古今保社稷，神恩广袤庇海阳。"香港潮安同乡会同人喜敬。

六、从厝巷联及壁联

北从厝巷门额匾为"龙飞"，联为"安社稷灵威显圣，济黎民德泽尊王"。南从厝巷门额匾为"凤舞"，联为"青山绿水龙腾跃，古迹风光庙永昌"。

神殿壁联为"安济圣王"四字藏头诗。左联为"安当年永昌黔首，济今日郡邑苍生"，右联为"圣恩浩荡感天地，王德恢宏耀寿星"。

七、天公亭联

临江：凤邑人文绿竹颂青天，韩江福水苍松美大地。
面庙：大地显山川翠竹长春，昊天昭日月苍松沐泽。

八、前殿联

2010年初，广东省省长卢瑞华先生为青龙古庙撰联："安民济世为官崇善名千古，扶桑扬德还里思敬达当今。"现刻为前殿联。

九、其他

有求必应——原老庙殿联；
佑我生民——原山门联。
神明照汉代，灵爽荫潮州——清惠潮观察张介祺题庙联。

第四节 青龙庙的碑刻

一、重建潮郡青龙古庙记

庙记如下：

安济王庙又称青龙古庙，乾隆州志谓庙跨城南大堤，当韩江之冲。前明滇人有宦于潮者，奉神像至此，号安济灵王。宋王象之则称梅州有安济王行祠，程乡松口俗号恶溪庙，安济庙乃其所也。盖南宋以前以溪流险恶而人求安济，因立庙镇水患，是知安济后者，潮梅皆有之，其肇

兴且历有年所矣。乃沧桑变易，庙竟毁圮。乙亥春，善信有修废之倡，因募资庀料，择吉于原址兴复，至丙子十二月而告竣。踵事增华，灿然可喜，用特泐石志捐资者芳名以永纪念云。

时公元一九九六年岁次丙子十二月谷旦

香港潮安同乡会敬立

二、青龙庙毓英社香灯铺

在青龙庙发现"青龙庙毓英社香灯铺，癸巳年置"界碑（图7-13），长38厘米，宽28厘米，碑刻为阴文。

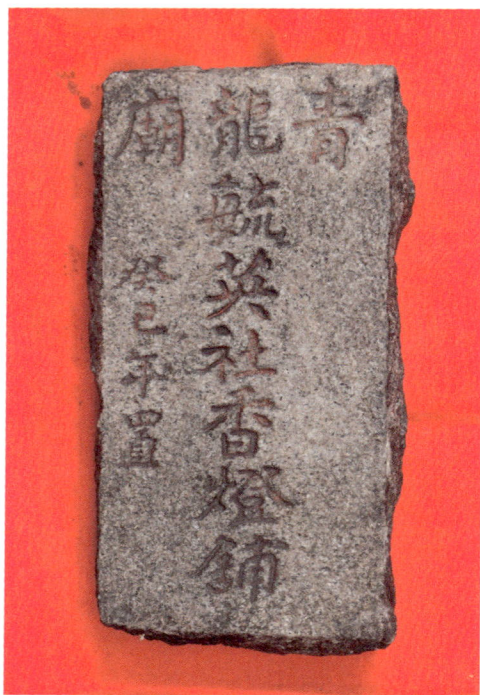

图 7-13　青龙庙毓英社香灯铺界碑

三、金城巷青龙古庙安济圣王明盛社香灯厝

戴先生父亲于60多年前购得金城巷现老屋，1997年拆建方围墙时，戴先生发现墙基有一石碑，将其出土贮藏起来。碑长37.5厘米，宽27.2厘米，碑刻阴文为："青龙古庙安济圣王明盛社香灯厝"（图7-14）。

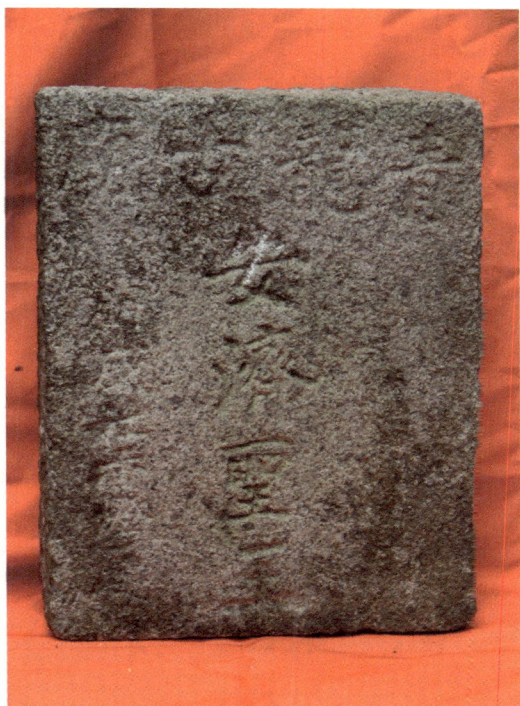

图 7-14　金城巷青龙古庙安济圣王明盛社香灯厝石碑

相关链接

香灯厝、香灯铺、香灯田是什么？

香灯厝、香灯铺、香灯田是指某宗亲或某邻坊为筹集永久性祭拜资金，由宗亲邻坊集资或由某些热心富户出资购置的专门为其庙宇或祭拜对象提供租赁资金的局限性公有固定物业。

　　位于市区布梳街的雾福古庙二进右后壁墙脚镶有一光绪年间该庙社众立的石碑（长 50 厘米，宽 35 厘米）所示，香灯厝、香灯铺、香灯田概为各社众所奉庙宇或祭拜对象的常设资金来源，故上述青龙庙二碑所示产业应为该二社各自共有物业，租项永远收为该二社祭拜青龙庙（香灯）庙事所用。

第五节 青龙庙的题词、书画

以下题词，按题词时间为序。

一、卢瑞华题词

"安民济世为官崇善名千古，扶桑扬德还里思敬达当今"（图 7-15），
2010 年初题。

图 7-15 广东省原省长卢瑞华为青龙古庙题联

二、雷锋题词

"安澜镇水，济困扶倾"（图 7-16），"青山绿水纪功臣乎百代，龙翥凤翔佑安顺于一方"，由潮籍知名学者、书法家雷铎先生分别于 2010 年 3 月、2013 年 3 月题赠。

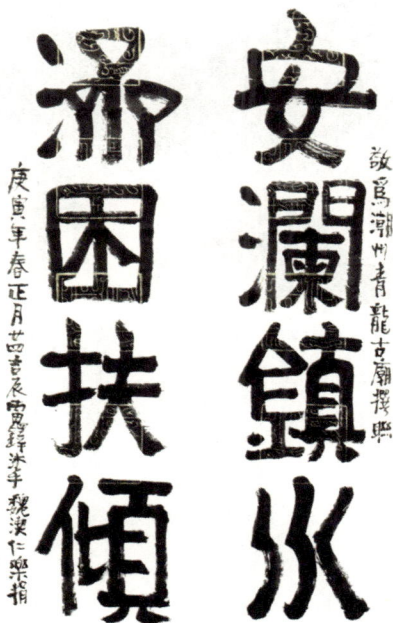

图 7-16　雷铎题词"安澜镇水，济困扶倾"

三、彭启安题词

"欣祝青龙重起舞，喜迎古郡再腾辉"，潮州市前市长彭启安于 2011 年 11 月题赠。

四、周義题词

"德润潮郡"。（图 7-17）广东省政协常委、提案委员会主任，广东省政府参事室主任、文史研究馆馆长周義先生 2012 年 9 月题赠。

图 7-17　善信木雕师傅林锡丰刻赠周羲书"德润潮郡"牌

五、饶宗颐题词

"弘扬文化，促进和谐。"（图 7-18）"2013·潮州青龙庙会"期间，饶宗颐教授题赠。

图 7-18　国学大师饶宗颐教授为"2013·潮州青龙庙会"题词

六、《紫气东来》国画

广东省国际潮人联谊会赠送，作者为方楚雄、许昌敏（图 7-19）。

七、《竹报平安》国画

香港潮安同乡会赠送（图 7-20）。

八、潮州市 12 名知名书法家书写的 24 节令名称

九、吴泽浩赠画

灵感安济圣王王伉像（图7-21）。

图7-19　紫气东来（杏夫摄）

图7-21　王伉像

图7-20　竹报平安（杏夫摄）

第六节　关于青龙庙的著述

一、《潮安年节风俗谈》

沈敏著，中华书局经售，1937年初版，1996年再版，书名改为《潮州年节风俗谈》（图7-22）。

该书从元旦（农历正月初一日）至除夕（农历十二月二十九日或三十日夜），对潮安当地的时年八节作介绍，其中有多个章节用很大篇幅介绍青龙庙会活动情况，分别为：安济圣王出游、头夜灯、二夜灯、正日、青龙庙巡礼、元月的赌风，描写民国二十五年（1936）潮郡青龙庙会期间的热闹场景，为青龙庙会这一广东省非物质文化遗产留下珍贵史料。

沈敏（1913—2008），潮安华美村人，作家兼评论家，后赴台湾。

图7-22　沈敏《潮州年节风俗谈》

二、《敕封黄倖三太仙师赐福赦罪法忏》《敕封黄倖三太仙师解厄卷》和《敕封黄倖三太仙师消灾经》

三本为三仙师复原本，现珍藏信众处。

三、《潮州青龙古庙》

蔡绍彬编著，香港东方文化中心1997年出版。系蔡绍彬"潮州文化丛书"之七。（图7-23）

这是首本较为系统介绍青龙庙与青龙庙会的潮州地情书，分11个部分：一，蛇的图腾和青蛇；二，宋代对潮州青蛇的封赐；三，青龙古庙在明代的变迁；四，清代青龙古庙和安济圣王出游；五，民国时期的青龙古庙；六，安济圣王劫难；七，老安济圣王回归之后；八，1936年的安济圣王出游；九，安济圣王出游发展了潮州音乐；十，安济圣王对各方面的影响；十一，青龙庙的重建和庄静庵先生。该书有述有论，辑引资料十分丰富，是了解潮郡青龙庙历史不可多得的史料，但全书结构较松散，编辑欠规范，引录时有错漏，有时推断不够严谨，读用时须注意。

蔡绍彬（1947—2007），潮州城区人，地方文化学者，自组机构，自出地情丛书。作者为草根文人，此精神是难能可贵的，此现象也属少见。但因草根者文化基础，其文字与论断有些粗糙，也应加以鉴别。

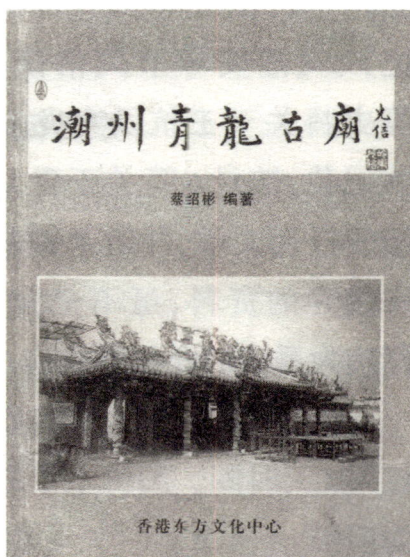

图 7-23 《潮州青龙古庙》

四、《潮州王伉文化》（特刊）

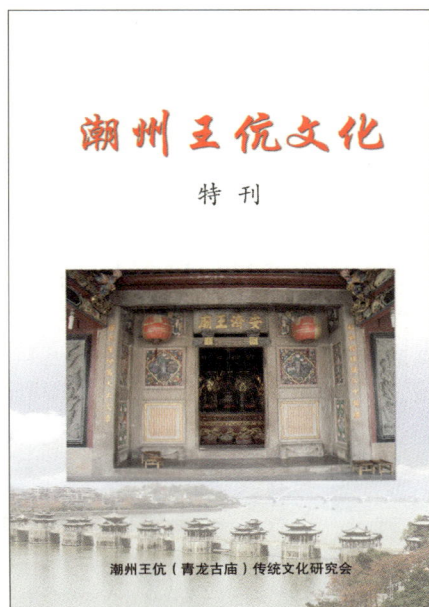

图 7-24 研究会《潮州王伉文化》特刊

潮州王伉（青龙古庙）传统文化研究会编，2011年刊印（图 7-24）。

该刊是为配合潮州王伉（青龙古庙）传统文化研究会成立庆典而搜集与青龙庙有关的史料、选辑及与青龙庙有关的论文而编印的特刊。首次刊发广东省原省长卢瑞华为青龙庙的题联，摘录《三国志》《潮州府志》《海阳县志》《韩江记》《潮安年节风俗谈》等史料关于王伉及青龙庙的记载，选录6篇关于青龙庙的报刊文章，并附录青龙庙重建的资料，虽不全面，但较为系统地介绍了青龙庙。

但该刊从选材到编印仅用4天时间，编辑水平较为粗糙。

197

五、《岭南文史》（潮州青龙庙会专辑）

广东省人民政府文史研究馆主办，岭南文史杂志社 2012 年出版（图 7-25）。

该刊是广东省人民政府文史研究馆、广东省人民政府参事室对潮州非物质文化遗产专项调研以后，由《岭南文史》以潮州青龙庙会为专题发表的增刊，分卷首语、寻史、话旧、祈新、论坛五个部分。

六、《潮郡青龙庙》

香港天马出版有限公司 2014 年出版（图 7-26）。吴绍雄、黄继澍、吴榕青编著，黄挺作序。

图 7-25　广东省人民政府文史研究馆《岭南文史》（潮州青龙庙会专辑）

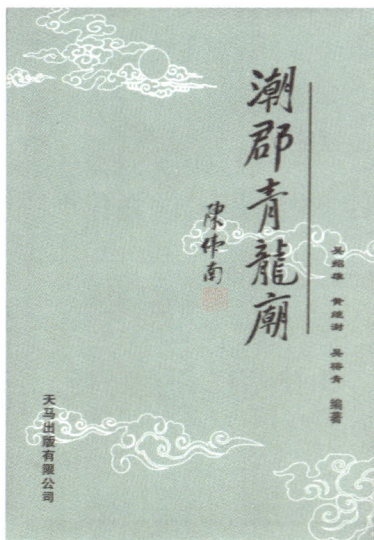

图 7-26　吴绍雄、黄继澍、吴榕青《潮郡青龙庙》

第八章　青龙庙大事记

宋

北宋年间，其时青龙庙或已建立。

北宋年间，三仙师驱妖至潮时，见土人求雨不应，代为祈祷，大获甘霖，后入祀青龙庙。仁宗庆历年间（1041—1048），三仙师被敕封"感应护国爱民三大真仙"。

崇宁三年（1104），宋真宗为梅州"安济王庙"赐额（梅州安济王庙与潮州安济王庙同源）。

明

明代，青龙庙前加建了一个开间大的拜亭，拜亭二柱挡了涸溪急水二塔的煞气。

嘉靖壬午年（1522），据说谢少沧将王伉的神像塑为金身，带回家中设坛祀奉。及后将神像迁奉于潮郡青龙庙。

明神宗万历二年（1574）梅县丙村新圩梅溪宫建成。

万历二十七年（1599），永昌举人施所学任潮州府海防同知。据地方志书记载和专家论证，或其时施所学立王伉为神明镇水之神。

清

康熙年间（1662—1722），潮州安济王被敕封为"灵感安济圣王"。

清早期，北堤安济王庙已建成。

清时期，距今近300年，架桥潭发现巨石下有青龙爷，村民遂祭拜，此为架桥潭安济王庙（龙溪古庙）之始。

清时期，海阳县新乡古庙安济圣王神像就座。

清时期，普宁县大坝村安济圣王庙建成。

乾隆三十六年（1771），已有潮郡青龙庙游神。

乾隆五十九年（1794），青龙古庙大修并立北花巷西畔巷门"青龙古庙"额匾。

道光十年（1830）海阳县东厢竹蜇青龙庙建成。

光绪十二年（1886），惠来举人卓晏春（1839—1890）为安济王庙撰庙联："船如梭横织江中锦绣，塔作笔仰写天上文章。"

光绪二十二年，青龙庙被列入官祭庙宇，春秋二季由官方出资祭祀。

光绪二十二年（1896），青龙庙大修葺。

光绪年间（1875—1908），福建上杭三仙师被敕封为"灵感"。

清末，潮阳县上东浦安济圣王庙建成。海阳县福沟古庙安济圣王神像就座。象岗梅林寺安济圣王殿建成。

中华民国

民国六年（1917）11月8日，陈炯明在青龙庙设援闽粤军司令部，并挂"佑吾雄师"匾。八年后匾被民众拆下当柴烧。

陈炯明统治潮州八年均派军队参加安济圣王出游。

民国九年（1920），王东清从潮州韩江南堤畔请"安济圣王"香火随身到新加坡，并安奉于杨桃园住家，供自己和其他村民膜拜。

民国十年（1921）3月7日（农历正月二十八日）庙会期间，洪兆麟派军队为安济圣王护驾并将其100名妻妾扮成古装"百美图"骑马作"活灯"，参加游神队伍。

陈炯明参加当年庙会巡游活动。

民国十一年（1922），洪兆麟以"八二台风"潮州南北（堤）无虞是圣王显灵为由，立额"灵佑潮州"。此匾于三年后被东征军所毁。

民国十二年（1923），青龙庙会期间，孙中山亲信许崇智到潮州参拜安济圣王。

民国十三年（1924）5月，洪兆麟部发生内讧，兵变士兵在潮州大街抢劫并劫走顺发布铺陈列的安济圣王袍，后兵变平息，圣王袍送回。

民国十七年（1928），潮安县县长阮淑清利用国民政府"破除迷信，废除一切淫庙"的命令，采取寓禁于征的办法，抽收青龙庙捐款5 000大洋。

民国十八年（1929），安济王偶像被匪徒掳走复得，又被阮淑清投入韩江，而后又复得。

民国十八年，青龙古庙的管理归潮安县商会管（商会的副会长林筑圃

是南成碗行经理）。

此时期潮籍乡亲前后赴泰谋生，到潮州青龙庙求得香火抵泰建了一座小庙，此为现泰国曼谷孔堤碧龙宫之始。

此时期潮籍乡亲前后赴印尼谋生，在山口洋市设安济圣王殿。

民国二十年（1931），青龙古庙管理仍归潮安县商会管（商会会长为德裕布行老板蔡达仁）。

民国二十一年（1932），潮安县长李扬敬贴出保护青龙古庙和开元寺的布告。

青龙古庙管理仍归潮安县商会管（商会会长为茂生糖行财东张希周，副会长为德和成盐运行老板程钧臣）。

民国二十二年至二十五年（1933—1936），当局复古回潮，神权恢复，青龙庙会鼎盛。

民国二十五年（1936），安济圣王出游，士绅上书，请求永准免捐，崇为祀典。

巡游路线的"安路"改为"路引"。

民国二十五年十二月，沈敏《潮州年节风俗谈》一书出版，其中有"安济圣王出游""青龙庙巡礼"等章节介绍青龙庙及庙会盛况。

中华人民共和国

1949年底后，青龙庙为郡南众理事管理。

1950年，青龙庙会依规制举行。

1951年春节后，庙会停办。

1953年，北堤安济王庙被拆毁。

1966年4月，因城市建设和堤防的升级，青龙古庙拆除，"八宝"被送到县博物馆。

1966年9月，圣王神像被化工厂工人运出厂区保护起来，至今下落不明。

1968年4月24日，马来西亚槟城安济圣王殿举行升龛安炉及开光大典。此前，郭明畅夫人与王若川夫人回潮郡青龙庙拜请安济圣王香火与圣王、大夫人、二夫人金身圣像回槟城。

1975年前后，潮安县辜厝村太卿第祠堂供桌左侧设置"灵感安济圣王"神台。

1986 年，青龙古庙管理委员会成立。代替郡南理事会管理青龙庙事务。

正月十六日，举行重建青龙古庙动土仪式。

西湖山南岩北侧湖山安济王庙建成。

1988 年，忠节坊三界庙安济圣王殿开光。

1992 年中，蔡儒添、庄永平率香港潮安同乡会代表团向潮州市政府请求复建青龙古庙。张得海受市委委托负责接待。

仲秋，香港潮安同乡会发出《重建潮郡安济圣王庙缘起》。

9 月 17 日上午，潮州市政府召开建设江边公园及恢复青龙古庙的会议，确认青龙古庙在原址扩大重建。

9 月，潮州市委办、市府办向市委、市政府作了"关于黄志鹏等人牵头拟建江边公园有关问题座谈会情况的汇报"。

1993 年 3 月，广东省水利厅批复潮州市水利局请示报告，同意在韩江南北堤桩号堤段外台地建设江滨公园。

3 月 23 日，潮州市委、市政府做出《兴建桥南江滨公园》的批示，由黄志鹏等人牵头建设江边公园。

香港重建潮郡青龙古庙筹委会和潮州青龙古庙筹备建设委员会同时成立。香港筹委会主任为庄静庵，副主任委员为陈伟南、吴为宜、谢毓义等。潮州筹建委员会主任是黄志鹏，副主任是张得海，张得海兼办公室主任及前线总指挥。

1994 年 3 月初，举行重建青龙古庙奠基仪式。

4 月，重建青龙古庙完成土木建筑工程。

12 月 9 日（甲戌年十一月初七日），"青龙古庙修复暨安济圣王神像升殿开光庆典"在古庙广场举行，新塑的安济圣王和二位夫人的神像由入宫队伍护送从太平路华达大厦出发，进入重建的青龙古庙。

12 月 31 日，泰国《京华中原联合日报》专版报道潮州青龙古庙重建圣王开光及相关信息。

1996 年 12 月，香港潮安同乡会在古庙立了"重建潮郡青龙古庙记"石刻。当天，香港潮安同乡会派出一个代表团到青龙古庙履行朝圣庆贺仪式。

2001 年 1 月中旬，青龙古庙大石狮被盗。

8 月 15 日，青龙古庙管理委员会将管理权交给郡南理事会。同日，郡南乡亲新置青龙古庙大石狮。

2002 年，郡南众理事修复三仙师公、大舍人爷、二舍人爷、花公花妈、

福德老爷神像及神殿。

2003 年 1 月，蔡绍彬编著《潮州青龙古庙》出版。

2004 年，假山景观池、六角亭建成，青龙古庙重建第二期工程完工。

2008 年春节，潮州电视台播出马来西亚新山游神系列报道，引起重兴青龙庙会大热议。

2009 年初，青龙古庙研究会筹备组成立，启动青龙庙合法社团注册工作。

2010 年初，广东省原省长卢瑞华为青龙古庙题赠"安民济世为官崇善名千古，扶桑扬德还里思敬达当今"墨宝。

2010 年庙会期间，广东卫视记者由雷铎陪同采访潮州民俗文化，雷铎为青龙古庙赠送墨宝。此后，广东卫视在"文化珠江"栏目播出包括青龙庙会内容的"潮汕游神"节目。

4 月，广东省原省长卢瑞华视察青龙古庙并提指导性意见（图 8-1）。

图 8-1　2010 年 4 月，广东省原省长卢瑞华视察青龙古庙

2011 年 4 月，湘桥区潮州王侊传统文化研究会注册成功，并于 6 月 9 日取得民非社会团体登记证书。

6 月 11 日，"潮州青龙庙会"被潮州市人民政府列入市级非物质文化遗产名录。

11月5日，《王伉文化研究》（特刊）一书编印。

11月5日，潮州王伉（青龙古庙）传统文化研究会成立庆典大会举行。第一届理事会成立。

新建青龙庙独立拜亭。

2012年2月21日，广东省人民政府将潮州市湘桥区青龙庙会列入第四批省级非物质文化遗产名录。

5月20日，潮州王伉（青龙古庙）传统文化研究会组团前往云南省保山市朝圣武侯祠中供奉的蜀汉时期永昌太守王伉。

6月，广东省政府参事室、文史研究馆调研组到青龙古庙调研，省政府参事室党组书记、文史研究馆馆长周义向青龙古庙题赠"德润潮郡"墨宝。

7月20日，广东省政府参事室、文史馆向广东省政府作了"关于以首届潮州民俗文化节为平台恢复潮州青龙庙会的建议"的报告，对此，雷于蓝副省长作了批复。

11月，《岭南文史》2012年第1期增刊（潮州青龙庙会专辑）出版。

泰国崇圣大学考察团、新加坡国立大学副教授李志贤博士分别访问潮郡青龙庙。

2013年2月22日，香港潮属社团总会创会主席陈伟南先生及会长陈幼南先生等到青龙古庙参谒安济圣王（图8-2）。

图8-2　香港潮属社团总会创会主席陈伟南先生及会长陈幼南先生到青龙古庙上香

3月3—6日，"祈福潮州·2013潮州青龙庙会"在青龙古庙庙区举行。庙会期间，饶宗颐先生送来"弘扬文化，促进和谐"的墨宝。

5月6日，清代安济圣王香炉从揭阳棉洋回归青龙古庙。

5月9—16日，潮州王伉传统文化研究会组团参观泰国碧龙宫，新加坡安济王庙，马来西亚新山柔佛古庙、槟城安济王殿。

7月7日，马来西亚新山柔佛古庙代表团访问青龙古庙，并与潮州青龙古庙举行民俗文化研讨会。

7月7日，潮州青龙古庙二十四节令鼓队成立，并邀请潮州12位知名书法家为二十四节令鼓题写节令名。

重建天公亭落成。

2014年1月，《潮郡青龙庙》由天马出版有限公司出版。吴绍雄、黄继澍、吴榕青编著，黄挺作序。

2014·潮州青龙庙会于2014年2月14—23日（农历正月十五日至二十四日）举行并首次恢复青龙庙会大巡游。

3月，潮州市潮安区龙湖镇鹤三村佛光寺设置安济圣王神坛。

第八章　青龙庙大事记

再版后记

经过 6 年的反复修改、增删，《潮郡青龙庙》以新的面貌又与大家见面了。

2013 年 11 月，为迎接甲午年（2014）安济圣王神游庙会的举办，在热心人士敦促下，我们将《潮郡青龙庙》（初版）刊印发行。时因时间匆促，尤其编著者能力局限，文字仍粗糙，资料欠充实，某些推断没有定论且依据不足。故希望有行家提出批评与指教，使初版起抛砖引玉之作用，在再版时再修改，是编者的最大愿望。

《潮郡青龙庙》（初版）出版后，在海内外潮人中产生了良好反响，也得到了众多行家、读者的关注并提出了不少宝贵的意见。

根据大家的建议，我们加强田野调查，足迹涵盖了潮州市、汕头市、揭阳市、梅州市，寻得近十个与潮郡青龙庙有关联的庙宇；奔走越南、柬埔寨，托友在老挝、印度尼西亚、缅甸协寻，热心朋友杨锡铭先生为我们提供了印度尼西亚西加里曼丹省山洋口市"福德祠"安济圣王殿的资料。

根据大家的建议，我们联络各地有关学者，以求得到有关闽粤赣边"安济圣王"的资料，目前，已得到梅州廖志添先生为我们提供的梅州丙村新圩梅溪宫的详尽资料，为王伉安济圣王在梅州的传播提供了翔实的资料，解开了饶宗颐先生和《嘉应州志》："安济庙，不独潮州有之，梅县亦有之"之述，我们也进行了实地调研，并殷请龙岩杨善祥先生利用工作之便为我们寻找闽赣边"安济圣王"有关庙宇。

本书第一章由吴榕青执笔，他根据新发现的史料查证，对原文再作反复修订，以"潮州青龙（安济）庙的信仰渊源及其变迁"为题发表于《文化遗产》2015 年第 2 期，该文并获第七届潮学奖。再版时将此作为"绪言"。可以说，绪言从理论上详述了潮州城青龙（安济）庙存在年代，不同时期庙内的主祀神明，以及蛇信仰的演变、官方敕封的水神"安济圣王"的来历，明清年间王伉冠以"安济圣王"等人们感兴趣的问题。

本书资料截至时间原则上为 2014 年青龙庙会期间。陈泽泓研究员为本

岭南文化书系

潮郡青龙庙

书作了"再版序"，吴淑贤、陈友群、黄楚芬、许电子、曾小华、黄潮铭、曾小明、苏钟、吴融融、周链等为本书出版做了相关工作。在此特致谢忱！

《潮郡青龙庙》（再版）由青龙庙善信魏洁仁、杨翼腾、杨翼汛、魏宗楷出资襄助。

2021 年 12 月

潮汕文化丛书

再版后记

初版后记

　　2011 年 1 月，潮州市人民政府公布安济王庙为市文物保护单位；2012 年 2 月，广东省人民政府将潮州市湘桥区青龙庙会列入第四批省级非物质文化遗产名录。尤其是潮人翘楚、国学大师饶宗颐教授为青龙庙会题词："弘扬文化，促进和谐"，广东省省长卢瑞华先生为青龙古庙题联、视察青龙古庙，更激发我们写书介绍青龙庙。于是制定篇目与提纲，请教邑彦与专家；云南保山寻根（安济圣王），福建上杭溯源（三仙师公）；跨海赴新马，驱车走城乡；翻书明史，访贤问踪；日构想，夜秉笔；常深究，多研讨。历时八月，终成初稿。

　　为寻黄倅三仙师踪迹，同仁早六时出，夜零时归，驱车千里，访福建上杭，步羊肠山道，登旧县三仙师庙故址拜谒。虽累，但一天下来能取得珍贵史料，心情大宽。

　　对书稿的编辑工作，韩山师范学院潮学研究院、潮州王伉传统文化研究会有关领导及专家认真给予指导与帮助。

　　在搜集、编纂资料过程中，南京大学、汕头大学、韩山师范学院等院校图书馆，梅州市地方志办公室、福建省上杭县地方志办公室为我们提供了方便。黄志鹏、张得海、黄炎藩、许昌敏等热心指导。

　　参加青龙古庙重建工作的卢芝高、邱创平、徐壮辉、陈俊荣、邢宪铭、陈绍明等多位历史见证者提供了珍贵历史资料。

　　福建上杭陈观宝先生及闽西灵应堂保存的较为完整的三仙师历史遗存，为梳理三仙师与潮州的关系提供了可靠的佐证实据；巫能昌先生《汀南地区三仙师崇拜的研究》一文为我们深入研究三仙师与潮州的关系提供了线索，杨善祥先生为我们的上杭调研给予尽力帮助。

　　书稿编写过程中，陈友群、许电子、曾祥协助调查、摄影，并提供大量图像资料，李来涛先生为初稿文字认真校核。

　　泰国的王侨生、林太深、杨静君、许秋素，马来西亚的陈剑虹、陈再藩、安焕然、纪维雄，新加坡的李志贤、蔡国华、吴清林，协助我们调查并

提供海外安济圣王庙和柔佛古庙的资料。

　　杨锡铭、陈景熙、程小宏、纪国升、李春、李记旭、吴淑贤、黄楚芬、黄楚然、龙勇朝、陈放、郑学威、黄若平、陈锦槐、何绪荣、林锡丰、刘湘云、陈蔓、郑珩、朱燕玫等协助调查、搜集资料及文字录排上给予无私的帮助，使初稿能早日完成。还有更多为书稿出力的朋友，此处谨表谢忱，恕不一一列举。

　　为迎接甲午年安济圣王神游庙会的举办，在热心人士敦促下，拟将初稿修订后以"初版"刊印。因时间匆促，尤其编著者能力局限，文字仍粗糙，资料欠翔实，某些推断虽无确认但依据不足，将会有行家提出批评与指教。如能起抛砖引玉之作用，在再版时作修改，则编著者如愿。

　　香港潮属社团总会创会主席陈伟南先生为本书题写书名，韩山师范学院教授黄挺先生为本书写序，本书的出版得到了海内外潮人的支持，林顺利为本书的付梓出资出力，在此特致谢忱。

2013 年 11 月

209